新版 "思考停止人生" から
卒業するための
個人授業

～年間5000人のリーダー職を生む、最強の思考術～

トゥ・ビー・コンサルティング株式会社
代表取締役 潮田 、滋彦
Shigehiko Ushioda

■はじめに
～新版発行にあたって～

　このたびは、新版『"思考停止人生" から卒業するための個人授業』をお手に取ってくださり、ありがとうございます。

　本書は、2014年12月に発売した同タイトルの改定版です。発売以来、たくさんのみなさまに価値を感じていただき、その結果として数多くの実践例の報告や質問などをいただきました。

　そして多くの皆さんから、「この本からの学びは普遍的で、どのような時代にも価値があります！」「もっと新しい内容を教えてほしい！」という嬉しい応援メッセージをいただきました。

　そこで今回、増補改訂版としてよりパワーアップした形で再び皆さまに思いを届ける機会をいただきました。

　今回の増補改訂版は、次の点が変更になっています。
①スタートにあたって、さらに成功イメージをしやすいように、読者の方からいただいた実践例を新章として追加執筆。
②以前の原稿を、より読みやすく理解しやすい表現になるように改訂。
③最後にセッション6として、読者の方からいただいた質問にお答えするパートを追加執筆。
④読者の方にご覧いただける動画などの追加コンテンツのご用意。

　さらに実践的になった本書の内容をこれからお届けします。
　それでは最初のレクチャーを始めたいと思います。

（1）「ノウハウ・コレクター」から
　　　「ノウハウ・プラクティショナー（実践者）」に

　向上心のある人に陥りやすい傾向に、ノウハウを貯め込んでしまう（ノウハウ・コレクターになってしまう）ことがあります。しかし、**どんなにノウハウを貯め込んだとしても、それらを使いこなせなければ意味がありません**ね。

　「意味がない」という書き方にカチンときた方もいらっしゃると思います。今は「貯めている」としても、将来「活用している」状態になればよいわけですから、決して無駄にはならない。そうお考えかもしれません。

　でも、**人間の記憶の保管庫にはある程度限りがあり、貯め込んでいるうちは新しいものがなかなか入ってこない**のです。何かをリリース（アウトプット）することで、新しい何かが入ってきます。これは行動についても同じで、行動をして活用をすれば、知識としてストックする必要がなくなります。

　なぜなら、知識をすでに活用しているのですから。

　そしてもう一つ、「ノウハウを貯め込むこと」には大きな弊害があります。**自分自身に対して謙虚でなくなってしまう**のです。さまざまなサイトに掲載されている書評などを見ても、ノウハウ・コレクターだと思われる方は、こんな風に書き込みます。

　「どこかで見た話だ」「知っている話ばかりだった」「そんなこと、知っているよ」と。

　確かにその方にとっては、そうなのでしょう。しかし同時に、実は**大きな勘違い**をしているのだと思います。それは**「同じメッセージを何度も見かけるということは、それは自分にとって重要なメッセージだからだ」**ということに、気づいていないことです。

私はこの状態を「思考停止」と呼んでいます。

考えることを放棄している状態、と言ってもよいかもしれません。

この本では、知らないうちに自分の成長を止めてしまっている「思考停止」から脱却して、自分がこの時代に生き抜いていくために本当に役に立つ「考える力」つまり「知恵を生み出す力」をご紹介したいと思っています。

知識やノウハウは、使ってこそ価値があります。使って初めて知恵となります。「ノウハウ・プラクティショナー（実践者）」を目指してみませんか？

「そうは言っても、現状では使えないんだよ」という方もいらっしゃるかもしれませんね。

(2) 自分の「ステージ」に気づいていますか？

私がまだサラリーマンだった頃、企業向けの研修を事業としておこなう会社のマネージャーをしておりました。

毎月の月次会議(売上・利益などの動向を厳しくフォローされる)、商品である研修の開発、チームのマネジメント、部下育成、そして自分自身の講師登壇、多数の出張、などなど。「自分は目いっぱい働いている」という実感がありましたし、そのことに少なからずプライドを持っておりました。

しかし、独立して数年たった今、前述のサラリーマン時代と比較して2倍以上の仕事量をこなし、仕事の品質や自分の意識も2倍どころではなく数倍高くなっていると実感している自分がいます。

これはどういうことでしょうか。

つまり、**ステージが違う**のです。

人は、その時その時のステージが自分にとって当たり前になってしまい、そのステージの限界を見て、「これ以上はムリ」と決めつ

けてしまうのです。

　私はサラリーマン時代には「これぐらいで、いいだろう」「これぐらいやっていれば、十分だろう」と、自分で自分の限界を勝手に作っていました。**そういう枠組みの中にいるうちは、それ以上の成長ができない**のです。独立し、自分自身の実力をシビアに判断される世界に飛び込んで、「もっとレベルアップできるはずだ」ということに気づいたのです。

　誤解しないでくださいね。この話は「独立は素晴らしい」とか「24時間、寝食忘れて働こう」とかの話ではありません。

　あなたは「自分の次のステージのために行動をしていますか？」ということなのです。そもそも「自分の次のステージについて考えていますか？」ということかもしれませんね。

　あなたが自分の成長を諦めてしまっているとしたら、それは自分に対する冒涜だと思います。私たちは、それぞれ「自分がこの人生でやり遂げたいこと」を持っているはずです。そのために努力をすることは、自分に対してとても重要なことだと思いませんか？

　自分の成長は「考える力」がベースになります。どういうことか、説明します。

(3)「考える力」はなぜ大切なのでしょうか？

　私は四半世紀以上の間、一貫して企業や自治体向けの講師を第一線でおこなってきました。研修の現場で感じること……それは、**「考えることを止めてしまった人」が多い**ということです。職場の問題解決においても、そして自分自身を見つめることにおいても、ものごとを「表面的」にとらえる人が多いのです。

「考える力」は自分を助けてくれます。
そして、世の中をよくする原動力になります。

「秒速で億を稼ぐ……」や「一瞬で成果が出る……」など、世の中にあふれている「簡単に成果が出るノウハウ本」。世の中には、「お手軽な成功本」があふれています。でも本当にそれで成功できるのでしょうか？　これは、その手の研修やセミナーでも一緒ですね。
　お手軽な成功本に乗せられて、いろいろな成功や挫折を経験することも、貴重な人生経験だと思います。そのような中で私が強く思うことは、**今のような時代だからこそ、「日々知恵を出して成長すること」が大切**ではないかということです。なぜなら、**そのことが「長い間成功者であり続ける」**ことにつながると思うからです。勤勉に日々努力する姿勢がなければ、**成功は一時的**です。ノウハウはすぐに陳腐化してしまうものなのです。
　そして、**あなたはスティーブ・ジョブスでなければ、アンソニー・ロビンスでもありません。**偉人の逸話を聞いて感動していても、何らかの具体的な行動が伴わなければ、ただ「わかったつもりになっている」だけだと言えるでしょう。

　何が起きてもひるまずに、常に自分自身や仕事、職場を良くするために「自分で考えて」「行動すること」は、道を開いていきます。きちんと考える力がなければ、行動の質も低くなってしまいます。
　海外企業の攻勢にあえいでいる日本企業が復活するカギは、日本人ならではの**「日々勤勉に考え、知恵を出すこと」**です。

　どうやって考えて、行動する人になるのか？　この本ではその方法を書いていきます。ノウハウを自ら生み出し、自ら行動するためのものです。**自分で考えて行動し、成長し続けられる人になること。**

それこそが、あなた自身をこの激しい変化の時代から救ってくれるのです。そして、「考える部下」を育成し、「考えるチーム」を作る方法も学ぶことができるのです。

　この本では、私が研修講師生活の中で大切だと感じたさまざまな「知恵」を論理的アプローチ、創造的アプローチ、心理学的アプローチ、問題解決アプローチなど、さまざまな方法でご提供していきます。

　また、この本を読まれるであろう多くの社会人の方は多忙のことかと思います。ですので、180分＋180分＝計360分という短い時間で習得（卒業）できるように工夫しました（次ページの「使い方のコツ」を参照）。この360分は1日で通していただいても、2日に渡ってもかまいません。

　ちょうど、私の研修も朝9時から夕方までの丸一日くらいのものが多いので、ほぼ同じ体験をしていいただけるかと思います。

　限られた時間で、面白く学び、すぐに役立つ。そして繰りかえし読み返して手を加え、あなただけのバイブルを完成させてください。これがこの本のコンセプトです。

　この本が、あなたの人生のパートナーとしてお役にたてることを、心から願っております。

潮田 、滋彦

【この本の使い方】

　この本は、「先生」と「ヤマダくん」の対話による個人授業形式ですが、同時にワークシート形式になっていますので、本に書き込むところもたくさんあります。ですので、最大限に活用するには、ちょっとしたコツがあります。

使い方のコツ（一例）

1. ふせんとペンを用意する。
2. 180分！と決めて最後まで読み切り、まずは「思考停止状態（人生）」を改善する。

   ※書き込み部分（ワーク部分など）はひとまず保留してふせんを貼っておく。また、「重要だな！」「よく理解できないな……」という箇所には、その理由をペンで書いて、ひとまずふせんを貼る。

3. 60分休憩する（時間のない方は翌日へ）
4. 休憩後、ふせんとメモに注意しつつ、再度180分かけて読み直す。

   ※ワーク作業をおこないつつ、不明点などを確認していく。

5. 180分＋180分で、「思考停止人生」から卒業となります。

　一例を挙げましたが、要するに、本はきれいにとっておくだけでは役に立ちません。どんどん書き込み、ふせんを貼ってこそあなたの本当の力となって身についていきます。**本が汚れた分だけあなたは成長しているのです！**

　また、ご自身でこの本用のノートも1冊用意してください。ミニワークや「自分にとって価値がある」と思ったところは、本に書き込むのと同時に、どんどん気づいたこと、または別の答えなどをノートにメモしていってほしいのです。手を動かして書いてみることは、自分の考えを整理するためにも有効な方法です。

8

メモを取る際のポイント

　意外と私たちはメモの取り方が「自己流」だったりするものです。あとで活用できる「より質の高いメモ」を目ざしてみましょう。

1.　思いついたその場で書く

　人の思いつきは数秒で消えてしまいます。

「後でまとめて書こう」「絶対に忘れないから大丈夫」「もっと練り上げてから……」などと思っているうちに、忘れてしまうのです。ですから、メモは後回しにせず、必ずその場で記録する習慣をつけていきましょう。

2.　単語ではなく文章で書く

　単語のみのメモを取って、あとで理解ができなくなってしまった経験はありませんか？

　単語（キーワード）だけで記録をすると、後で単語の意味しか思い出せず、その時のニュアンスや詳細が思い出せません。将来使えるメモにするためにも、文章で書きましょう。

3.　抽象的な大きな表現ではなく、具体的な身近な表現で書く

　抽象的な表現でメモを残しても、使えません。なぜなら、後で「そんなことは当たり前だ」と思えてしまうからです。

　ですから、自分自身に照らして、具体的な表現で書きましょう。たとえば「考えることが大切だ」と書くより、「インターネットを見る際には、その情報の出どころと信頼性をその場で確認し、使える情報かどうかを自分で判断する」と書いたほうが、本当に自分の使えるメモとなるのです。

◆目次◆

はじめに ～新版発行にあたって～ …… 2
【この本の使い方】…… 7

セッション0

本書を読んで
「思考停止人生」から卒業された方の実例

〔本書のロジックで成功した7人の活用実例！〕…… 16
ケース1 上司との関係①／ケース2 上司との関係②／ケース3 次期リーダー育成への活用／ケース4 職場風土改善への活用／ケース5 子育てへのヒント／ケース6 自己革新への活用①／ケース7 自己革新への活用②

セッション1

「自分の頭で考える力」は、
どうして重要なのだろう？

1 「自分の頭で考える力」で
   「思考停止人生」から脱出する …… 30
2 「思考停止」になっている人の典型的な口ぐせとは …… 37
3 「思考停止」になっている人の典型的な行動とは …… 44
4 「学ぶって楽しい」、「成長するってワクワクする」、
   「考えるって面白い」……はず。…… 52
5 ビジネスで求められるのは
   「コンセプチュアルスキル」のある人 …… 56

10

セッション1のまとめ

「自分の頭で考える力」は、
どうして重要なのだろう？ …… 60

セッション2

「理路整然」と考える。で、どうやって？

1 本質を突いていないアドバイスほど、
迷惑なものはない …… 64

2 「その場しのぎの対応」で満足していないか？ …… 70

3 「区別化」は人生に役立つ「味方」である …… 79

4 「考える力」と「プレゼン」の関係は、
「本質」をとらえることで理解できる …… 90

セッション2のまとめ

「理路整然」と考える。で、どうやって？ …… 96

セッション3

「自由奔放」に考えたい。
でも、それを阻害するものがある！

1 柔軟に現状をとらえ、
それを共有すること……実はその難易度が高い！ …… 100

② 「成功」の反対は、「失敗」ではない！ …… 106

③ 私たちを止めてしまうもの……
「4つのメンタルストッパー」 …… 110

④ 「考える」世界に、
「唯一絶対の正解」なんかない！ …… 119

⑤ 「ゼロベース」思考で枠をとっぱらった時……
あなたの可能性が開花する！ …… 125

セッション3のまとめ

「自由奔放」に考えたい。
でも、それを阻害する
ものがある！ …… 133

セッション4

「ノウハウプラクティショナー」を目指してみよう！

① 「たった一つの習慣」で、
10年後に38倍パワーアップする …… 138

② 「ひらめき」を生み出す体質を身につける。
〜「一日一驚」のススメ …… 146

③ 「アイディアエクササイズノート」で
知恵の化学反応を生み出そう！ …… 152

④ 「本質」を的確につかむトレーニングとは？ …… 157

⑤ 成長する人生に、「ヒマつぶし」など存在しない。 …… 165

セッション4のまとめ

「ノウハウプラクティショナー」を
目指してみよう！ …… 170

セッション5

「考える力」は自分だけのもの？
〜あなたも周囲も「考える人」に！

1 「考える仲間」がいれば、
　さらにあなたは磨かれる。 …… 174

2 「考えるチーム」を作るために、
　自分でできることは？ …… 179

3 「考えるチーム」を阻害する風土とは …… 185

4 「ネガティブな考え」は、本当にいけないのかな？ …… 191

5 「信念を他人に押し付けない」ことが、
　世の中を平和にする …… 198

6 「行動」こそが結果を作る……。それで？？ …… 205

セッション5のまとめ

「考える力」は、自分だけのものではない …… 208

セッション6

読者からのQ&A
～日々の生活で活かすためのヒント～

1. Q&A①
   日々論理的に考えるためのコツは？ …… 212

2. Q&A②
   情報の信頼性を確かめるには？ …… 217

3. Q&A③
   習慣化をうまくおこなうには？ …… 221

おわりに …… 227

　巻末資料　ビジネスで使える12のフレームワーク …… 230

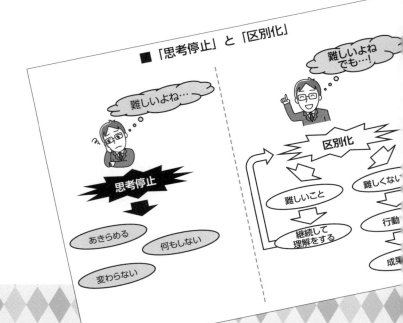

セッション0^{ゼロ}

本書を読んで
「思考停止人生」
から卒業された方の実例

■本書のロジックで成功した 7人の活用実例！

　読者の皆さんから送っていただいたコメントや研修で直接いただいたご意見などを伺っていると、実に様々な場面でこの本の内容をご活用いただいていることがわかります。

　今回、この新版の最初にご紹介しますので、ぜひ **「いろいろな場面で使える」という前提に立ってこの本を読んでみていただきたい** のです。そうすることで、きっと **自分の「思考の枠」も広がる** と思います。

　なお、より多くの皆さんにご理解いただきやすいように、状況なども補足しながらご紹介します。ですので、いただいたコメントそのままではありませんが、もちろんニュアンスは残しております。

ケース１：上司との関係①

　Sさんは、私の研修を受講してくださった方です。講義中に、自分自身や社内が思考停止に陥っていることに気が付いて、この本を読んでくださいました。

　実際に次のような場面で活用してくれたそうです。

　その後の職場で、少しの手間で顧客に「より良いもの」を提供できるにもかかわらず、上司が「思考停止の言葉」を使ってやめようとしている場面に遭遇しました。そのときにSさんはこんな行動に出ました。

　わかりやすいように、会話を再現してみますね。

上司「これまでのやり方でいいじゃないか。今回はそれで充分だろう。」

Sさん「でも、○○をすれば、もっとお客さまに良いものを提供できますよ。少しの手間ですから、ぜひやってみましょうよ」

上司「まぁ、確かにやってみる価値はあるけどな……」

Sさん「はい！ それに同様の業務にも活かせます。」

上司「わかった！ ぜひやってみよう。任せてもいいかな？」

Sさん「はい、ありがとうございます！」

　このように、従来であれば、Sさんもそのまま流してしまったところでしたが、学んだことを活かすために「やりましょう！」と意見することができたそうです。その結果、上司も考え直して進めてくれるようになりました。「気持ちがよかったです」と感想をくださいました。

　Sさんの例のように、**上司や周囲が思考停止の言葉を使っていても、この本の読者であるあなたが働きかけることで前に進めることができるかもしれません**ね。気づいた人が何も言わなければ何も進まないままです。**そのための勇気を、この本でもらってくださいね。**

ケース2：上司との関係②

　Mさんは、ある事務部門で働いています。職場の環境や上司が大嫌いで、毎日のように同年代のメンバーに不満や愚痴を語っていた

17

そうです。

「なんで自分ばかりに仕事を振るんだろう！」「無駄なことに忙しい職場で嫌になる」「上司が言うことが（自分の感覚では）理解できない」などと……。

　そんな時にこの本に出会い、ためしにこの本で紹介されていたリフレーミング（P72）の考え方を使って考えてみたところ、「上司から見た自分の立場の重要さ」に驚いたそうです。

　また、今まで自分は上司の話を「決めつけ」で聞いていなかっただろうか、今の仕事を「決めつけ」で考えていなかっただろうか……という気づきもありました。上司の立場に立って考えてみることで、実に多くのことが見えてきた……ということでした。上司の大変さも理解でき、上司に対する気持ちが少なからず変化してきたそうです。

　似たようなケースで、私との会話で気付きがあったある研修受講者との会話をご紹介しましょう。

Ｆさん　「上司がいつも私に仕事を振ってきて、もうたまりませんよ」

私　「それはつらいですね。Ｆさん以外には人はいないんですか？」

Ｆさん　「それが、いるんですよ。だから、なおさら腹が立つんですよね。」

私　「そうなんですね。上司はどういう意図でＦさんにそんなに仕事を振ってくるんですか？」

Ｆさん　「う～ん……。
　それは、期待しているからだと思います。私に次の世代のリーダーになってほしいのではないかと、今改めて思いました。」

私　「次の世代のリーダーですか。それについてFさん自身はどう思っているんですか？」

Fさん　「そうですね……。そのことは嫌じゃないんですけど……」

私　「何か気になることがあるんですか？」

Fさん　「今まで自分のことばかり考えていて、上司目線で考えたことがなかったというか……。私への期待については、以前の面談で上司から言われたことはあったんですが、その時はピンとこなかったのですっかり意識から消えていました。ですから、結果として期待に全く応えてなかったと思います。」

私　「気づいた時がチャンスだと思いますよ。素晴らしい気づきじゃないですか。」

Fさん　「そうですね！　少し気が楽になりました。」

　まさにそうだと思います。この会話では、上司の伝え方にも課題があるような気もしますが、世の中の全上司が伝え方が上手かというとそうではないのが現実だと思います。だからこそ、上司目線でものを見ることは価値があります。

「上司の立場に立って物事を見る」ことを**「視座を上げる」**といいます。**このときのポイントは、「自分の当たり前」で見ないことです。**「自分の当たり前」で見てしまうと、謙虚に状況をとらえることができなくなります。視座を上げても何も見えないという人は、改めて「自分流」のもののみかたや考えに凝り固まっていないか見つめなおしてみましょう！

　不満や愚痴は、それを「提案レベルにするにはどうしたらよいか」を考えてみましょう。不満だけでは何も生まれません。それを改

19

善するにはどうしたらよいか、自分だからこそ提言できることがある……と考えてみてほしいのです。

ケース３：次期リーダー育成への活用

　Tさんの職場は専門知識が求められる製造現場です。
　若いメンバーはベテラン社員（知識や経験が豊富）であるリーダーの言うとおりに作業することが当たり前になっていました。
　次世代のリーダー育成に危機感を持ったベテラン社員は、この本の質問などを使いながら、次期リーダー候補の若手メンバーに問いかけをするスタイルにマネジメントを変更していきました。
　「自分から答えを与えたほうが圧倒的に早いですし、メンバー自身が考えを出すまでにじっと待っていなければならないのが、とてもつらかったです」 と感じながらも、辛抱強くメンバーの考えを引き出した結果、職場の若手メンバー自身が自発的に製造現場にあるボードにロジックツリーを書き始めるまでになりました。
　今では若手リーダー候補自らがさまざまな提案を持ってくるようになり、そのなかにはベテランクラスには思いつかないような斬新な発想も多くみられるそうです。Tさんはいま、「育成は時間がかかるし大変だったけれど、本当にやってよかった！」と感じています。

　Tさんに、若手リーダー（Aさん）との初期の会話を教えてもらいました。

「Aさん、先ほどのトラブル対応、お疲れさま。それで、これからどうしたらいいと思う？」

「わかりません。Tさんが指示してくださいよ〜。」

セッション0　本書を読んで「思考停止人生」から卒業された方の実例

Ｔさん「考えてみて。Ａさんの答えを教えてほしいんだよ。」

Ａさん「え〜？　わかりませんよ。わからないから聞いているんです。」

Ｔさん「トラブルはその場限りの対応をしても再発してしまうよね。だから、同じトラブルが起こらないような対策が必要なんだ。この間教えたロジックツリーを使って考えてみようよ。トラブルの大きな原因としてＡさんが考えられることをいくつか挙げてみてよ。」

Ａさん「ロジックツリーですか。幅広い切り口から原因を探っていくんですよね。たしか"4M"とかって、Ｔさん言ってましたね。」

Ｔさん「たしかに現場では4Mは使いやすいよね。じゃあ、それで原因を考えてみようよ」……

　Ｔさんの例のように、**育成は手間がかかりますが、それだけの価値のあること**なのです。皆さんも、今のレベルになるまでに時間がかかっていたはずです。育成が面倒だと思える時は、ぜひ**「育成をすることの価値」**を考えてみましょう。きっと育成をすることに対して前向きになれると思いますよ。

ケース４：職場風土改善への活用

　Ｍさんは品質管理を担当する若手社員です。

　職場のミーティングでは思考停止の言葉があふれていました。「そんなこと無理だよ」「今までの方法で充分だよ」「部長がOKを出すはずないじゃないか」「○○部門から反対されるにきまってる」など、できない理由ばかりが出ていました。楽ではあるけれど、面白くない……そんな思いが日々募っていました。

　そこでＭさんは、上司を巻き込んで職場の雰囲気を変えたいと考

21

えました。上司にもこの本を紹介し、上司のOKをもらったうえで会議室に「思考停止20の言葉」（P39）の内容をA3用紙に大きく打って会議室に表示するようにしました（もちろん、そのような目的であれば、ドンドン活用してくださいね！）。

　そしてミーティングのスタート時に、こんな言葉でスタートしたそうです。

Ｍさん　「会議室の壁に大きく貼ったリストは、**“思考停止に陥っている典型的な状態の言葉”**の例です。これらの言葉を私たちはつい言ってしまいますが、この言葉で終わってしまうと思考停止状態になって先に進めなくなってしまいがちです。ですから、**こうした言葉に気づいた時には、お互いに批判ではなく、前に進むために指摘しあえたらいい**と思うんです」

　そこで上司が助け舟を出してくれました。

上司　「なかなか面白い指摘だよね。いいチャレンジだと思う。特に当社のような歴史の長い会社では、みんな当たり前のように使っている言葉が多いよね。みんな、ぜひ一度それでやってみよう！」

　上司の応援もあり、会議の参加者も面白がりながら思考停止の言葉チェックをお互いにすることで、結果としてミーティングが非常に前向きな雰囲気で進められるようになりました。

　ちなみに、この思考停止の言葉のリストは、現在は全会議室に貼ってあり、会議の際にお互いが気をつけるようにしているそうです。

　職場風土改善のコツは、上司を巻き込んで味方にすることです。

　そして、会議中の指摘は、思考停止の言葉を言った人を責めるのではなく、あくまで**会議やディスカッションを先に進めるためのス**

タンスで実施することがポイントです。

ケース５：子育てへのヒント

　Ｙさんは、働きながら子育て中のビジネスパーソンです。

　子育てに対して前向きに取り組めずに悩んでいるときに、たまたま書店でこの本を見かけました。

　この本にある「ものごとを区別化する」や「失敗は成功の一部である」「ものごとを決めつけない」などのメッセージに心がスッと軽くなったそうです。

　それ以来、子育てに前向きに取り組めるようになり、それはお仕事にも影響をプラスの影響を及ぼしているようです。

　その後Ｙさんはご縁があり、私の研修を受講して下さることになりました。その際の会話です。

Ｙさん「子育てに悩んで、本当に困っていたんです。そんな時に、この本を見つけたんです。」

私「いわゆる“子育て本”ではないですが……（苦笑）」

Ｙさん「はい。でも、一般的な子育て本には、根性論のようなことしか書いてなくて、自分にとってはあまりヒントにならなかったんです。それで本屋さんでタイトルに惹かれてこの本を買ってみたら……、スッと心が楽になったんです。」

私「すごいポストイットの量ですね。」

Ｙさん「はい。生きる上でのヒントがたくさんあって、嬉しかったです！」

この本は、基本的にはビジネスの場面を想定して書いていますが、**家族や友人との関係など、さまざまな状況で活用できます**よね（その話はセッション5でも触れています）。

　本質的なものごとの考え方は、人生のあらゆる場面で活用できることを改めて実感できる事例ですね。

ケース６：自己革新への活用①

　Nさんは私の研修を受講してくださった方です。保険の代理店で営業をおこなっています。全国の数多くの代理店が同じ商品を扱っている中での拡販はなかなか大変なようです。

　Nさんは、この本で扱っている「一日一驚」（P150〜156）に大きな刺激を受け、さっそく毎日「アイディアエクササイズノート」の実践を始めました。

　約2年間、毎日欠かさずに実践しているうちに視野が広がり、お客様との会話のネタにも困らなくなり、そして自分で日々アイディアを出して工夫することが習慣になっていきました。

　その結果、全国でもその保険を扱っている人はたくさんいる中で、全国での売上がトップ3に入るまでになりました。

私　「一日一驚、続けてくださったんですね！　ありがとうございます。」

Nさん　「私こそお礼を言いたいです！　とても良かったです。」

私　「2年間続けてみて、いかがでしたか？」

Nさん　「まず、視野が広がりました。自分の周りだけでなく、世の中にも自然と目が向かうようになりましたね。」

（私）「続ける上で工夫したことや大変だったことはありますか？」

（Nさん）「無理をしないことだと思います。完璧にフォーマットを埋めなくちゃ……と思うと苦しくなりますし、書けない欄があっても気にしないぐらいが楽に取り組めると思います。でも、次第に目の付け所が広がってくるので、比較的楽に書けるようになりますけど。」

（私）「なるほど。たしかに、絶対埋めなくちゃ……と思うとつらいですよね。」

（Nさん）「はい。私が毎日書いていると、職場のメンバーも興味を持ってくれるようになったのが嬉しいですね。」

「一日一驚（アイディアエクササイズノート）」は、非常に効果的なツールです。**ものごとを続けるには、楽しみながらおこなうことが重要です。**楽しんで取り組んでいるうちに、気がつけば自分の視野が広がり、考える習慣が身についているのです。

ケース7：自己革新への活用②

　Hさんは、いままで「自分では何も変えられない」とあきらめて、仕事も無気力に生活をしていたそうです。暮らせる程度の収入があって、仕事がありさえすれば、それで充分だ……と。
　本の中の「自分の成長を諦めてしまっているとしたら、それは自分に対する冒涜だ」（P5）や、「どうせ自分はマネージャーじゃないから、何も変えられないと思ってしまう」（P77）の言葉にドキッとし、「この状況の中で自分は何をするべきかを考えることが大切だ」……というメッセージを読んで、仕事観が変わったそうです。どうせ人生の時間の多くを仕事に使うのならば、有意義な時間のほ

うがもっと良いな……と。

　仕事に対して、少しずつ前向きな気持ちで日々を過ごせるようになり、仕事の時間も以前より楽しくなったそうです。何より、朝の起床がストレスでなくなったことが嬉しい……ということでした。

　先日、Hさんの5年後のような方（Iさん）と会話をしましたので、参考にご紹介したいと思います。なかなか興味深いお話です。

Iさん「僕は5年ぐらい前まで、無気力に生きていたんですよね。」

私「そうだったんですか。何が変わるきっかけだったんですか？」

Iさん「"自己ベスト"という言葉をたまたま目にして、その言葉についてボ〜っと考えていた時に気が付いたんです。」

私「興味深いですね。ぜひ教えてもらえますか？」

Iさん「昔から"頑張る"ことが嫌いだったんですよね。自分を追い込むことはつらいですよね。だからしたくなかったんです。だから"頑張れ！"とか言われると逆に何もしなくなる……という。」

私「その感覚、よくわかりますよ。頑張るというと、自分を追い込んでしまうイメージがありますよね。苦しくて楽しくない。楽しく頑張れればよいのでしょうけど。」

Iさん「そうなんです！　それで"自己ベスト"という言葉について考えていた時に、"頑張る"というより、自分ができるベストをする……という感じが良いのではないかと思ったんです。それならば頑張ったりしないで自分を高めることができるんじゃないかな…と。結果として、ちょっとずつ自己ベストを更新していくことができたら……と思うんです。

日々の生活の質は、自分の意識次第で変わります。せっかくの人生ですから、自分がより納得できる過ごし方が見つかったときに、それを選んでみることも一つの道になるのではないでしょうか。

　ここでご紹介した7名のケースは、いただいたご意見のほんの一部です。

　皆さんからのコメントを読ませて（あるいは聞かせて）いただいていると、まさに十人十色の体験があり、それぞれの皆さんのお仕事や人生にこの本が深くかかわっていることがわかりました。

　まさに「（自分の頭で）考える力は一生の宝物」なのです。この本をあなたの一生の宝物にしていただきたいのです。一生付き合える相棒になれる本だと思っています。

　それでは、いよいよ本編「セッション1」から授業を始めていきましょう！

セッション1

「自分の頭で考える力」は、どうして重要なのだろう？

1 「自分の頭で考える力」で「思考停止人生」から脱出する

では、最初のセッションをスタートしましょう。
日々の私たちの心がけとして、「自分の頭で考える」ことが大切です。
では、ヤマダさん質問です。自分の頭で考えることに、どのようなメリットがあるでしょうか？

そんなの簡単ですよ！　現状維持から脱出できるからです。かのウォルト・ディズニーも言っています。『ディズニーランドはいつまでも未完成である。現状維持では後退するばかりである。』って。

なるほど。確かに現状維持から脱出することは大切ですよね。
では、今のヤマダさんの話について、2つ質問します。
①「自分の頭で考える」ことと「現状維持から脱出できる」の間には論理の飛躍があります。この2つをきちんと結びつけて説明できますか？
②ウォルト・ディズニー氏の発言ですが、発言の詳細についてきち

んと調べましたか？　どのような趣旨でディズニー氏が発言したことなのでしょうか？

え〜と……。
　まず①ですが、「自分の頭で考える」ようになると、「自分の現実の仕事や環境、人間関係などについて真剣に目を向ける」ようになりますよね。そうすることで、「現状の仕事の改善点が見つかる」ようになり、結果として「現状維持から脱出できる」ようになります。

はい。よくわかるようになりましたよ。
　ヤマダさん。今、改めて説明をしてみて、気が付いたことは何かありますか？

日ごろから、実は独りよがりのロジックで話をしているのではないかと気づきました。僕は、よく「話が飛躍している」とか「言いたいことがよくわからない」とか言われるんですよね。
「自分の当たり前は、他人の当たり前ではない」ことって、人間関係においてとても重要な前提だと思いました。
　②については、以前、インターネットで「偉人の名言」の一つとして『ディズニーランドはいつまでも未完成である。現状維持では後退するばかりである。』という言葉を見かけたんです。今では多くのサイトで見つけることができますよ。

新聞、雑誌、書籍、インターネット、テレビ……。
一つとして、100％正確なメディアなどありません。
　すべての発信情報には書き手の特定の意図が入ってい

ます。同じデータでも、ものの見方によって、解釈の仕方が何通りもできるんですよ。たとえば、選挙の動向予測や内閣の支持率などは、記事によって解説が全く違いますよね。

確かにそうですね。
たとえば、内閣支持率が前回調査と同じ40％だったとすると、いろいろな書き方ができますよね。「支持率が安定している」、「支持が広がっていない」、「不支持率のほうが多い」など、どうにでも言うことができます。

そう。だからこそ、私たちは「自分で考える力」が必要なんです。
もとになるデータをみて、本当にそれは信頼できるものなのか、そして自分ならこのデータをどう思うかをしっかり考えることが大切です。目にした情報を鵜呑みにしないこと。それこそ、思考停止から脱出する第一歩です。
学説やデータなどの都合のよい部分だけを切り取って自説の説得力向上に使っているケースも多く見かけますね。

つまり**「情報リテラシーが大切だ」**ということですね。
先ほどのウォルト・ディズニー氏の『現状維持では後退するばかりである。』という言葉も、疑いもせずに使っていました。

実は調べてみると、ディズニー氏の『ディズニーランドはいつまでも未完成である。』の後の言葉は『現状維持では後退するばかりである。』ではありません。
『ディズニーランドは永遠に完成しない。この世界に想像力が残っ

ている限り、成長し続ける。』という言葉が正しいものです。「現状維持」の内容について、全く別の機会に話した可能性は否定できませんが、少なくとも組み合わせは違いますので、本人の意図とは違います。『いつまでも未完成である』という内容から第三者が意訳した言葉である可能性もあります。でも、本や記事にそのような言葉があれば、みんな信用してしまいますよね。

　ところで、ディズニー氏の『ディズニーランドは永遠に完成しない。この世界に想像力が残っている限り、成長し続ける。』という言葉の趣旨についてです。これは、「映画は一度作ってしまうとお客様の反応を参考にして手直しをすることはもうできないけれど、ディズニーランド（パーク）は常に発展させ成長させることができる」という思いから出てきた言葉なんです。

　このように、**自分なりにしっかりと言葉の背景や本質をつかんだうえで活用すること**が大切です。

　自分でいちいち考えるよりも、既存の情報を検索して活用したほうがはるかに楽で効率的だという意見もあります。先生は、どう思いますか？

　なるほど。では、そのまえにまずはヤマダさんの意見を教えてください。ヤマダさんなら、どう思いますか？

　あ……。これが自分で考えるということですよね。
　確かに、世の中に出回っている情報をすべて自分で調べるのは大変だと思います。時には信頼できる既存情報を活用することもよいのではないかと思います。

「信頼できる情報」って何でしょうか。この基準を自分でしっかり持つことが大切です。

マスコミの情報だからすべて信頼する、著名人が言っているから信頼する……では、あなたは何も考えていません。場合によっては、**間違った情報を広める手伝いをしてしまうこともあります**。たとえば、有名なデータに「メラビアンの法則」というものがありますね。

知っています！「言語のコミュニケーションよりも、非言語が重要なので、喋り方のテクニックや笑顔などの表情を磨く必要がある」とコミュニケーションセミナーで習ったことがあります。本やブログなどで書いている人も多いですよね。たしか、話の内容が7％、口調が38％、見た目が55％だったかと思います。インパクトのある数字なので、覚えているんです。

そうですね。とても広まっている考え方です。
しかしこれは、**間違った内容が広まっている典型的な例です。**

本来の「メラビアンの法則」とは、通常のコミュニケーションについて調べたものではありません。好意（like）・反感（dislike）に関する感情（feelings）や態度（attitudes）を含んだコミュニケーションの場合のデータなのです。つまり、話し手が好意や反感について表現していないコミュニケーションでは当てはまらないということです。これはメラビアン氏本人が語っていることです。

そうだったんですか！
本来の意図を理解せずに世の中に出回っているデータを鵜呑みにすることには危険が伴うということですね。

場合によっては、事実でないことを広めてしまうかもしれないんですね。

　もちろん、正しい情報もたくさんあります。
　だからこそ、自分で判断する力が問われているんです。**根拠があいまいな情報を普段から使っていると、あなた自身が不正確な情報を信じている「人の情報に流されやすい人」だというように思われてしまうのです。**
　「自分の頭で考える力」は、非常に重要な力です。
　言われたことや与えられた情報をただ受け止めるのではなく、自分で考え判断して選択していく……。この力は、私たちがこれから生きていくうえで、きっと自分を助けてくれる大切な力になることでしょう。今まできちんと考える習慣がなかった人には、きっと「自分を救ってくれる力」になるはずです。

　先生！　すごいことに気がつきました。
　「自分で考える力」が身につくと、普段の行動も変わりますよね。ただ「安いから」「便利だから」「ブームだから」「マスコミが言うから」で何となく流されるのではなく、**自分でしっかり調べたうえで判断することが大切**なんですね。

　そのとおりです！　素晴らしいところに気が付きましたね。ヤマダさんが物事の本質をきちんととらえている証拠だと思います。
　自分で考えることで、普段の言動が変わるのです。でも、それこそが「責任ある生き方」ではないでしょうか。あなたの人生は、だれのものでもなく、あなた自身のものです。ほかのだれかの言動を鵜呑みにして、ふりまわされる状態から、卒業していきましょう。

これから、「自分で考える力」を実践的に身につけるための方法を紹介していきます。もちろん、この授業の内容も、自分で考えて判断し、自分で選択してくださいね。

【ミニワーク】
①今後、あなた自身がおこなう会話に意識を向けて過ごしてみましょう。根拠の薄い内容を平気で話していませんか？
②あなたが今日おこなった意思決定は、きちんと考えたものでしたか？
何かひとつ、ふりかえってみましょう。（昼食の選択、買い物など）

【ワークの回答、実施して感じたこと】

2 「思考停止」になっている人の典型的な口ぐせとは

先ほどのヤマダさんの言葉を思い出してみましょう。「自分の頭で考える」ことで、「現状の仕事の改善点が見つかる」ようになり、結果として「現状維持から脱出できる」ようになるという話でした。この話の前提になっているものは、「現状維持では後退だ」ということですよね。
では、なぜ現状維持では後退なのでしょうか？

はい。時代は常に進化しています。その中で現状維持をしていると、いつの間にか時代の流れに取り残されてしまうからです。

なるほど、そのとおりですね。
では、現状維持から脱出するために、私たちは具体的に何をすればよいのでしょうか。

先ほど「自分の現実の仕事や環境、人間関係などに真剣に目を向ける」ようになることで、「現状の仕事の改善点が見つかる」……と言いました。でも、それ以外、

何も思いつきません！　よくわからないです……。

おや、思考停止状態になりましたね。
そういうときに役に立つのが、「MECEの発想」です。
現状を変えるには、現状の一部を変える（改善）方法と、すべてを変えてしまう（刷新）の2つのアプローチがあります。改善は、「何かをやめる」か「何かを入れ替える」か「何か新しいものを加えるか」のいずれかになります。
そのうえで、何ができるかを考えていきましょう。

MECE、知っています。「ミーシー」って言うんですよね。「ものごとをモレなくダブリなく整理する」ための考え方ですね。

知っていても、いざというときにすぐに使えなければ、その知識には価値がありませんよ。実生活で使える知識にすることが大切なんです。

「知っている」ことと「できる」ことと「使いこなせる（習慣化している）」ことは、全く別物です。多くの人は「知っている」ことで満足してしまいますが、それでは勿体ないのです。

　話を元に戻すと、**改善をすることも刷新をすることも、すべては「考えること」がベース**になります。考える力がなければ現状を正しく認識することができないだけでなく、付加価値を生み出すこともできません。
　とは言え、私たちの多くは「思考停止状態」に陥ってしまうのです。
　では、これから「思考停止」について考えていきましょう。

次のリストを見てください。

今まで私が研修やビジネスの場でさまざまな方と接してきて感じた「思考停止に陥っている20の言葉」です。

【思考停止に陥っている20の言葉】

1. 難しいよね…　＿＿＿＿＿＿
2. よく、わからないなぁ…　＿＿＿＿＿＿
3. まぁ、いいんじゃない？　＿＿＿＿＿＿
4. 状況によるよね…　＿＿＿＿＿＿
5. それは仕方ないよ…　＿＿＿＿＿＿
6. 今さらやってもねぇ…　＿＿＿＿＿＿
7. そんなの知ってるよ！　＿＿＿＿＿＿
8. うちは特殊だから…　＿＿＿＿＿＿
9. 「頭」ではわかるけど…　＿＿＿＿＿＿
10. みんなもそうじゃないか…　＿＿＿＿＿＿
11. 上司から言われていないし…　＿＿＿＿＿＿
12. それは他部門（よそ）の話でしょ？　＿＿＿＿＿＿
13. そんなの面倒だなぁ…　＿＿＿＿＿＿
14. 今までは、そうやって来たんだから…　＿＿＿＿＿＿
15. ちょっと微妙だなぁ…　＿＿＿＿＿＿
16. そんなの気にしない！（ドンマイ！）　＿＿＿＿＿＿
17. 惜しかったよね〜　＿＿＿＿＿＿
18. できるわけないじゃないか！　＿＿＿＿＿＿
19. ○○さんが言っていたから…　＿＿＿＿＿＿
20. 忙しくて、無理だよ…　＿＿＿＿＿＿

私たちは、ほとんど無意識にこれらの言葉を使っています。そして**考えることをやめてしまうのです。**

【ミニワーク】
　前ページのリストの言葉は、あなたはどの程度使っているでしょうか？ 右端の＿＿＿欄に4段階チェックを入れてみましょう。
　全く同じ言葉でなくてもかまいません。同じようなニュアンスの言葉を使っているかどうかで考えてみましょう。

4…とてもよく使っている
3…それなりに使っている
2…あまり使っていない
1…ほとんど使っていない

　20項目の合計点には、あまり意味はありません。
　それよりも大切なことは、**あなたが4や3をつけた項目は「少なくとも、自分で使っているという自覚がある言葉」**だということです。

　ドキッとしました！　中には口ぐせのように、無意識で使っている言葉もあるかもしれませんが、自覚している言葉も本当に多いですね。
　でも、これらはなぜ思考停止なのでしょうか？

　口ぐせ……これは、無意識でしょうが、あなたの現状の思考状態を率直に示す行動です。では、これらの言葉を使っているときの心理を考えてみましょう。
　例えば、1の「難しいよね……」。「難しいこと」を理由にして、

それ以上考えることをやめていませんか？　難しい事柄は当然あるでしょう。しかし、「難しい」と口にすることで、難しくないこともあるにもかかわらず、物事すべてが「なんとなく難しく」なってしまいます。こうして「難しい＝これ以上考えない」という事態に陥るんですね。

　2も同じです。「わからない。だからこれ以上考えない」となりがちです。これは子供のころから使っている人も多いと思います。

　3は「まぁ、いいんじゃない」といった時点で、成長を放棄しています。もっと上の世界があるにもかかわらず、そこには目をつぶり、70点ぐらいで満足を続けてしまうわけです。するといつの間にか、上の世界があることすら気がつかなくなってしまうのです。

これらの言葉は絶対に口にしてはいけないわけではありませんが、少なくとも、そこで「自分が考えることをストップしている」ことを自覚することで、もっと先に進めるはずなのです。

　さきほど、ヤマダさんも「無意識に使っている言葉もあるかも」と言いましたが、これらの言葉は、ほとんど無意識で使われているんです。そこで、こんなワークをお勧めします。

【ミニワーク】

　39ページのリストを頭に入れたうえで、さっそくこれからの日々の生活を過ごしてみましょう。

　その中で、これらの言葉を使っていないかを意識しながら過ごしてみましょう。

　また、ほかにも自分が「思考停止」に陥る言葉があれば、次ページの欄に書き込んでおきましょう。

【ワークシート】

そのほかの「私が思考停止に陥る言葉」は……

- _____
- _____
- _____
- _____
- _____
- _____

先生、4番以降の言葉についても、思考停止に陥るシステムを説明してもらえませんか？ この話、とっても面白いです！

いいですよ。ちょっと長くなりますが、ここは大切なところですので……。

あいまいなことばで片づけてしまい、それっきり考えなくなってしまうのが4・8・15です。これでは、なにがどうなっているのか、なにがどう使えるのか、なにがどういけないのかを具体的に考えず終わってしまいます。

5・6・18は、「あきらめ」です。**あきらめてしまうと、その時点で先のことを考えようとしなくなります**。そうすれば、楽ですからね。しかし、成長や進歩もなくなります。

7と9は、38ページで説明しましたね。**知っている・理解しているという状態は、決してゴールではないんです**。でも、こういう言葉を言っているときは、成長をそこでやめてしまっているんですね。

10もよくあるロジックです。でも、「みんな」って、誰でしょうか？

そして、「みんな」がしていることが本当に正しいのでしょうか？**「現在の常識は未来の非常識」**です。また、**「自分たちの常識は自分たち以外の非常識」**かもしれません。これは職場・会社レベルだけでなく、国や地域レベルでも言えますよね。「みんな」を理由にしているときは、たいてい深く考えていないのです。

11・12・14は、受け身になっていて、自分からは考えていない状態です。**主体的な発想や問題意識がない状態**ですね。特に12は、「この状況から自分は何が学べるのか」という視点が欠けているために、他人事になってしまっているのです。

13を口にする人も多いと思います。研修の場でもよく耳にします。これは52ページからの単元でお話ししますが、習慣化していないことに取り組むことは面倒なので、何も考えなくなります。

さて、16はどうでしょうか。「ポジティブに考えているじゃないか」と思う人もいるかもしれませんね。しかし、**ドンマイですませてしまうと、失敗の原因をしっかりと追究しないので、同じ失敗を繰り返すだけで成長しないのです。**

17も同じです。「惜しかったよね」という言葉は、気休めにはなりますが、成長しません。**ここまできて気がついたと思いますが、「考えること」は「成長」につながるんですね。**

19は、他人の言うことを鵜呑みにして、自分で考えていない状態ですね。このことはずっとお話ししてきました。上司、友人、有名人、権威者、マスコミ。すべてが正しいとは限らないのです。

最後は20です。忙しさを理由にしたくなる気持ちはわからなくはありませんが、**忙しいからこそ「考える」ことが求められていることに気がつきましょう。「無理」と決めつけてしまうと、道がそこで終わってしまいますよ。**

3 「思考停止」になっている人の典型的な行動とは

ここまで、「思考停止」に陥っている人の典型的な発言・言葉（口ぐせ）について考えてきました。
　もちろん、これらの言葉が有効な場合もあります。
　先ほども言いましたが、**絶対に口にしてはいけないわけではありません。**しかし、思考停止してしまうと、その先の展開がなくなってしまうことを認識しましょう。
　こういった言葉が出てしまっているときに、どう対応したらよいかについては、この後のセッションで考えていきましょう。

先生、思考停止している人の「行動」にも何か特徴がありますか？
　例えば、マンネリ化している……とか。

「マンネリ化」、なかなか鋭いですね！
　わかりました。今度は「行動レベル」で整理してみましょう。次ページのリストを見てください。
　「思考停止」に陥っている典型的な行動を10個ご紹介しますね。ワークをおこなった後で、また詳しく解説していきましょう。

【思考停止に陥っている10の行動】

1. 物事を決めつける ＿＿＿＿
2. 他人が言うことの「うけうり」をする ＿＿＿＿
3. 根拠もなく古い習慣にしがみつく ＿＿＿＿
4. 否定や言い訳が先に出る ＿＿＿＿
5. 前例や過去に基づいて意思決定をしている ＿＿＿＿
6. トラブルや失敗の再発防止まで手を打たない ＿＿＿＿
7. 時間を気にしないで過ごす ＿＿＿＿
8. 資料やデータをそのままコピペ
　　（コピー＆ペースト）している ＿＿＿＿
9. 「過去」か「現在」しか時間軸がない ＿＿＿＿
10. 日々の行動がパターン化している ＿＿＿＿

【ミニワーク】

上のリストの行動は、あなたはどの程度しているでしょうか？
＿＿＿＿欄に4段階チェックを入れてみましょう。
全く同じ行動でなくてもかまいません。同じようなニュアンスの行動をしているかどうかで考えてみましょう。

- 4…とてもよくしている
- 3…それなりにしている
- 2…あまりしていない
- 1…ほとんどしていない

セッション1　「自分の頭で考える力」は、どうして重要なのだろう？

いかがですか？
　これはあくまで「自己チェック」ですので、「自分はこんなことしていないよ」という人も多くいらっしゃるかもしれませんね。
　おすすめは、このチェックを意識して日々過ごしてみることです。
　実は日々の職場生活や日常生活で「思考停止」になっていることに改めて気がつく人もいらっしゃると思います。

【ミニワーク】
　45ページのリストを頭に入れたうえで、さっそくこれからの日々の生活を過ごしてみましょう。
　その中で、これらの行動をしていないかを意識しながら過ごしてみましょう。
　また、ほかにも自分が「思考停止している」と感じる行動があれば、以下の欄に書き込んでおきましょう。

【ワークの回答、実施して感じたこと】

【ワークシート】

そのほかの「私の思考停止している行動」は……

- _____
- _____
- _____
- _____
- _____

　　　　　先生、それぞれの行動について解説してもらえませんか？　とっても興味があります！

　　　　　いいですよ。では①からです。
　　　　　決めつけをするのは、柔軟性がないからです。**自分なりの「ものの見方」に固執し、ほかの可能性を考えようとしない**のです。
　部下が出した提案を「うちではムリだ」と簡単にはねのけてしまったり、他人の話や報告を思い込みで聞いてしまったり、「会社や業界の当たり前」の中でしか発想できなくなってしまったり……実は、ベテランになればなるほどありがちなのではないかと思います。
　②はもういいでしょう。たくさんお話ししましたので。
　なお、「うけうり」とは、他人の意見や学説をそのまま自分の意見として話すことを言います。**ブログやSNSで、根拠の薄い「説」や「噂」を広めることも、同罪ですよ。**
　「他人に流される」ということでいえば、先ほどヤマダさんが話し

ていた「ブームにすぐ流される」ということもあるでしょう。ブームだからといって本当に良いもの、本当に素晴らしいものとは限りません。中には、マスコミや広告代理店が仕掛けて、無理やりブームを仕立てあげることさえある世の中です。いや、そういうもののほうが多いのかもしれませんね。

「音楽」でも「映画」でも「本」でも「ファッション」でも、**自分のセンスを磨き、自分が本当に良いと思うものを楽しめるようになる**といいですね。

3は少し抽象的な表現だったので、ピンとこない人もいらっしゃったかもしれませんね。これは例えば**「喫煙」のようなもの**です。簡潔に言うと、時代の流れが変わり、喫煙の害まで明確になっているにもかかわらず、他人の迷惑よりも自分の快楽が優先されているのです。

確かに喫煙は迷惑ですよね。喫煙者には匂いが染みついているので、吸っていなくても不快な感じがします。
でも、国が売っているのだから……と思っている人も多いのではないでしょうか。

そう。それこそが思考停止ですよね。
「国が売っているから」「みんな吸っているから」「キマリの中で吸っているから」……。

すべて人任せではありませんか？　喫煙者の中で、自分と他人に対するタバコの影響（健康、匂い、ごみ）について明確に調べたうえで喫煙を選んでいる人がどれくらいいるのでしょうか？

それと、「喫煙をするとリラックスするから」という理由で吸っている人もいます。これはニコチンが脳内報酬系を刺激するからであり、もともと吸わなければ必要ないものです。**「何となく」**喫煙を始め、極めて精神依存性の強いニコチンに支配されて**「何となく」**

吸い続けている。**これはまさに思考停止状態だと言えるでしょう。**

話が長くなりましたので、元に戻しますね。

③のほかの事例ですが、職場などで「昔からやっている」という理由で続けていることってありませんか？　本来の趣旨が環境変化で失われているにもかかわらずに制度だけが残っている例もあります。法律などでもこのようなことはありますよね。

次は④です。否定語を言うことは、自分の身を守る効果はあっても、成長にはつながりません。なぜなら、そこで考えることをやめてしまうからです。**「ダメ」「ムリ」「できない」と言った時点で脳は考えることを放棄します。**言い訳も謙虚に反省して成長する機会を失ってしまいます。

⑤は、「今までこうだったから」などと、前例を基準に判断することが習慣になってしまっている状態です。これでは、前例がないと判断ができなくなってしまいますし、そもそも前例が正しかったかすらわかりませんよね。これは、予算編成などでもありがちです。来年度の売上目標は前年度の実績にただ係数をかけただけ……など、深く考えない行動は職場で多く見かけるはずです。

⑥は、「物事の本質をとらえていない状態」です。

トラブルが起きたときに真っ先に必要なことは、いかにリカバーするか（その場のトラブルを食い止め、元の状態に戻すか）です。

しかし忙しい職場などでは、リカバリーが終わるとそのままになってしまいがちです。根本が解決していないので、同じようなトラブルが再び起きてしまいます。もちろん、失敗においても同じですね。

⑦は、「目的意識の欠如」です。

目的意識を持って日々を過ごしている人には、「ヒマな時間」は存在しません。何となくダラダラ過ごすこともありません。

目的意識には、長期と短期があります。**短期の目的意識だけを持ってしまうと、日々のタスクに追われるだけになります。**長期の目的

意識を持たないと、貴重な人生の時間をダラダラと使うことになってしまいます。さてヤマダさん、あなたはどうですか？

僕は、土日はついダラダラと過ごしてしまいます。
せっかくの休みなのでリラックスしようと思ってのんびり過ごすのですが、結局夜になって後悔するんです。「あ～あ、今日も何もしなかった」って。

休日をリラックスする目的で過ごすのも構わないと思いますよ。とは言え、後悔するような過ごし方になっているということは、改善の余地がありそうですね。
　さて、⑧は「論文」や「レポート」だけの話ではありません。
　会議開催通知や週報など、前回のものをそのままコピーして、変えなければならない部分もそのままにしていることはありませんか？
　また、ネットなどに掲載されている情報を不用意に丸写ししていませんか？　根拠を明確にすることの重要性は前にお話ししましたが、都合のよい部分だけを切り取っていませんか？　情報の出どころを明確にしていますか？　その情報の本質は損ねていませんか？
　⑨には2つのパターンがあります。
「今」しか見ていない人と、「過去」しか見ていない人です。
「今」しか見ていない人は、⑦でもお話ししましたが、目の前のタスクで目いっぱいになっています。中には、刹那的な（今が良ければいいと思う）人もいるかもしれませんね。
「過去」しか見ていない人は、自分の過去の栄光や実績にしがみついて現実が見えていません。
　いずれも将来の目線がないため、「建設的な言動」になりません。
　⑩は、先ほどヤマダさんが言ってくれた**「マンネリ」状態**です。
　毎日同じ時間に起き、同じパターンで身支度をし、同じ道を通っ

て駅や駐車場まで行き、いつも同じパターンで出社する。会社でもいつも同じメンバーと昼食を取り……。**これは「楽」なのでしょうが、そこに「考える余地」はあまりありません。**結果として考えずに生活を送ることになっています。気がつけば、その「楽」なパターン以外のことはできなくなってしまいます。

先生、じつは私、かなり当てはまってしまいました。先生から指摘されて、初めて気がついたこともたくさんありました。

ヤマダさん、それは素晴らしい気付きですね。「気付き」をノートに記録しましたか？
こうやって「気づく」ことが、まずは大切なんです。
対策については、後でご紹介しましょうね。

【ミニワーク】

自分の周りの人を観察してみましょう。思考停止の発言や行動をしていませんか？

注：これは自分のセンスを磨くためにおこなってください。他人の批判のためではありません。

【ワークの回答、実施して感じたこと】

4

「学ぶって楽しい」、「成長するってワクワクする」、「考えるって面白い」……はず。

先生、ひとつ質問です。
　多くの人が感じていると思うんですが、「考えること＝大変なこと・辛いこと・面倒なこと」ですよね？
そういうことって、続かないし、身につきませんよね？

ヤマダさん、私からもひとつ質問です。
　どうして「考えること＝大変なこと・辛いこと・面倒なこと」なんでしょうか？

え？　そういうものだと思っていました。
　考える習慣のない人には、考えることって苦痛なんですよ。考えないほうが「楽」なんです。
僕自身もそうですから。

なるほど。つまりは、こういうことですね。
　「考える習慣がない人には、考えないほうが楽だ」と。
　つまりは、「習慣」の問題なんです。
逆も言えるんですよ。**「考える習慣のある人には、考えるほうが楽」**

ですし、「考える習慣のある人にとっては、考えないことが苦痛」なのだと。

へえ！　そんなこと、考えたこともありませんでした。
でも、言われてみればそうかもしれませんね。
私の周りでも、ロジカルに考えることが得意な人や、アイディアを出すことに長けた人がいるのですが、みんな放っておいても様々なことを考えてきますからね。

「学ぶこと」は、本来、楽しいことのはずです。
なぜなら、自分が知らなかった知識や経験が身につくのですから。

同じように、「成長すること」も楽しく、ワクワクする体験のはずです。

しかしながら、不幸なことに、中には「学ぶこと」や「成長すること」の楽しさやワクワク感を知らずに成長してきてしまった人もいます。これは家庭・学校・会社・社会のあり方や教え方の問題ですので、セッション5でしっかり考えましょう。

話を戻すと、「考えること」も、自分の発見や成長とつながる行為なので、とってもワクワクする面白いことのはずです。

ただ、いまはその習慣がなく、苦痛になっているだけなのです。

言われてみればそうですね。
成長することって、本来嬉しいことのはずですよね。
考えることが喜びにつながらないので、今まで習慣化していなかったのかもしれませんね。

でも、どうすれば習慣化できるのでしょうか。長い期間がかかる気もしますし。

先ほど、「考える習慣のある人には、考えるほうが楽」だとお話ししました。
　ですから、この本では、「考える習慣を身につける」ことがゴールになっているんです。
　では、**習慣を身につけるには、どれくらい時間がかかるのでしょうか**。いろいろと調べてみると、さまざまな人がざまざまな主張をしていることがわかります。
　よく言われるのは、「**21日間（3週間）**」です。これは形成外科医のマックスウェル・モルツ氏の著書から引用されて広まったもので、「実は習慣化について言及したものではない」などの批判もあります。そのうえで私の考えですが、**3週間という時間は、「簡単な習慣化」には有効な期間**だと思います。例えば「あ、今、考えないで行動していた！　ロジカルに考えなくちゃ」と条件反射的に気がつく習慣が身につくには十分な期間でしょう。すべては、そこからのスタートなのですから。
　しかし、深く考えたり、視野を広くして考えることを本当に身につけるには、もう少し時間が必要だと思います。
　これは私の研修現場での実感ですが、日々ロジカルに考えることをアクションラーニングの取り組みの一つとして実践している企業では、**1〜2か月**で各自がロジカルに考える取組みができるようになっていました。もちろん各自のレベル感には違いがありますし、職場の近い人同士でお互いに声を掛け合うなどの仕組みはありましたが、一つの参考になると思います。また、セッション4でご紹介する「アイディアエクササイズノート」を**1か月実践**することを課題とした企業では、1か月後には実践した各自が日々周囲をキョロキョロすることが当たり前のようになっていました。

　ということで、まずは3週間で「考えなくちゃ！」という条件反

射的な習慣を身につけ、それを2か月ぐらいかけて「実践」しながら本物の自分の習慣に落とし込んでいっていただければと思います。

「3週間」というのは、手ごろな期間ですね。
だから、この考え方も広まったのかもしれませんね。
僕も大きな勇気をもらいました。「3週間ならできるかも」って。
まずは、「考えることをしなくちゃ!」と3週間で条件反射的に習慣化してみようと思います。でも、そうやって考えているうちに、本物の「考える力」が身についてくるのではないかと思えてきました。

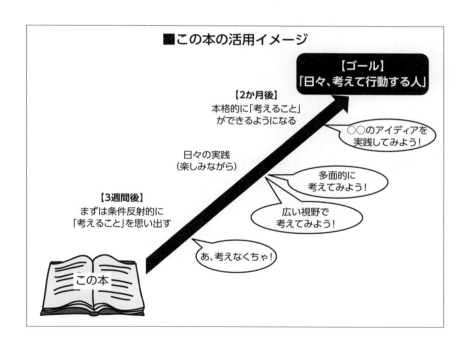

■この本の活用イメージ

5 ビジネスで求められるのは「コンセプチュアルスキル」のある人

「学ぶ」「考える」「成長する」といった「知的活動」は、本来ワクワクするものだという話をしましたが、このような活動をスキル（能力・技能）でとらえると、**「コンセプチュアルスキル」**という呼び方ができると思います。

「コンセプチュアルスキル」ですか。聞いたことがありますよ。
　ビジネス書などで目にしたことのある言葉ですね。詳しくは説明できませんが、「コンセプト」とはたしか、「概念」という意味ですよね。

ヤマダさん、そのとおりです。有名な考え方ですので、見聞きしたことがあるかもしれませんね。
　コンセプチュアルスキルはハーバード大学教授（当時）のロバート・カッツ氏が提唱した考え方で、マネジメントに必要な能力として「テクニカルスキル（業務遂行能力）」「ヒューマンスキル（対人関係能力）」と並んで紹介されました。
　「コンセプチュアルスキル」は「概念化能力」とも言われ、**さまざ**

まな情報の中から物事の本質をとらえる力のことを言います。具体的には論理的思考力や問題解決力、応用力だといわれていますが、そのためには、情報を収集する力や今後のことを発想する力なども必要になると私は考えています。

さて、このコンセプチュアルスキルは、部長や経営者などの上位のマネジメント層に求められる力だと言われているのですが、上位のマネージャーになってから身につけようとすると大変なんです。

私は今まで、マネージャーに昇格したとたんにコンセプチュアルスキルの発揮が求められるようになって苦労している現場の役職者をたくさん見てきました。ですから、早いうちから身につけておくことが大切なんですね。

また、コンセプチュアルスキルがベースにあると、テクニカルスキルやヒューマンスキルもうまく習得できるようになるのです。

なぜなら、学ぶ力が身についていると、成長が早いからです。

この本で身につける「考える力」とは、まさに「コンセプチュアルスキル」のことをいいます。両輪になるものは「論理的に考える

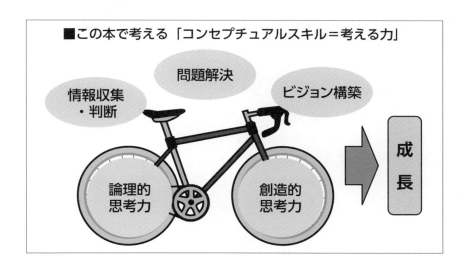

■この本で考える「コンセプチュアルスキル＝考える力」

力（＝論理的思考力）」と「創造的に考える力（＝創造的思考力）」です。

　この両輪があれば、日々の情報をしっかりと判断し、日々の問題解決が上手になり、将来を明確に描くことができるようになるのです。

　ありがとうございます。とても楽しみです。
　考える力を学ぶことは、自分が社会人として生き抜いていくための基礎を身につける機会になるんですね！

　ところで、ヤマダさん。とても重要な質問なので、あらためて聞きますね。
　「考える力」が身につくと、どんなメリットがあると思いますか？「考える力」は、人生にどう役立つのでしょうか？

　そうですね……。
　ここまでのセッションで、さまざまな学びがありましたので、整理もかねて考えてみますね。
　思いついたことを箇条書きでリストアップすると……。
①他人の言うことを鵜呑みにするのではなく、自分で判断することができるようになる。
②日々の仕事の問題解決が多面的に行えるようになる。
③仕事のアイディアがドンドンわいてくるようになる。
④考えることが当たり前のようにできるようになり、日々、自分の成長を楽しむことができる。
　結果として、⑤自分の人生に責任をもって生きられるようになる……先生、ずれていませんか？

ヤマダさん、大丈夫ですよ。
　「考える力」……とくに**「自分の頭で考える力」**は、人生を豊かにしてくれる一生の宝物です。なぜなら、この力があれば、一生成長することができるからです。
　他人のノウハウを学んでマネするだけでは、そのノウハウが陳腐化したら終わりです。日々「自分で知恵を出す力」を身につければ、一時的な成功ではなく、継続的に成功することができるようになるのです。勤勉に努力して知恵を出していくことは、習慣化すれば難しいことではありません。長い目で見れば、そのほうが成功の近道になることでしょう。
　この授業で、一緒に成長していきましょう！

【ミニワーク】

　「考える力」が身についたときの「あなた自身のメリット」を具体的にリストアップしてみましょう。
　短期的な視点（日々の生活の中で得られること）と長期的な視点（長い人生の中で得られること）の両面で挙げてみてください。

- ＿＿＿＿＿＿＿＿＿＿＿＿＿＿＿＿＿＿＿＿＿＿＿
- ＿＿＿＿＿＿＿＿＿＿＿＿＿＿＿＿＿＿＿＿＿＿＿
- ＿＿＿＿＿＿＿＿＿＿＿＿＿＿＿＿＿＿＿＿＿＿＿
- ＿＿＿＿＿＿＿＿＿＿＿＿＿＿＿＿＿＿＿＿＿＿＿
- ＿＿＿＿＿＿＿＿＿＿＿＿＿＿＿＿＿＿＿＿＿＿＿

「自分の頭で考える力」は、どうして重要なのだろう？

セッション1のまとめ

1. 自分の身の回りにある情報に目を向けてみよう。
本当に信頼できる正しい情報なのだろうか？　間違った情報を広める手伝いをしていないだろうか？
他人の情報を鵜呑みにせず、自分の頭で判断することが大切である。

2. 根拠があいまいな情報を普段から使っていると、あなた自身が不正確な情報を信じている「人の情報に流されやすい人」だというように思われてしまう。

3. 「自分で考える力」が身につくと、普段の行動も変わる。
自分で考えることで、自分で「選択する」人生になる。
これこそが「責任ある生き方」である。

4. 「知っている」ことと「できる」ことと「使いこなせる（習慣化している）」ことは、全く別物だ。「知っている」ことは、ゴールではない。

5．ふだん「思考停止に陥っている言葉」を使っていないだろうか？　無意識に、口癖のように使ってしまうことも多い。これらの言葉が出ると、そこで思考が止まってしまうので要注意だ。口にしてはいけないわけではないが、少なくともそこで「自分が考えることをストップしている」ことを自覚することで、一歩先に進めるはずなのだ。

6．「ムリ」「ダメ」「できない」……人は、あきらめてしまうと、先のことを考えようとしなくなるものだ。

7．「現在の常識は未来の非常識」だ。また、「自分たちの常識は自分たち以外の非常識」かもしれないことを常に自問しよう。

8．「ドンマイ」ですませてしまうと、失敗の原因を追究しないので、同じ失敗を繰り返すだけで成長しないのだ。

9．「思考停止に陥っている行動」も要注意。まずは自分の思考が止まっていることに気づくことが大切である。

10．「決めつけ」は、自分なりの「ものの見方」に固執し、ほかの可能性を考えようとしない思考停止状態である。

11．「喫煙」も、思考停止状態になっている習慣の一つだ。

12．短期の目的意識だけを持ってしまうと、日々のタスクに追われるだけになってしまう。長期の目的意識が重

要だ。

13. 「自分で考える習慣」を身につけよう。
習慣化すれば、苦痛なく考えることができるようになる。

14. 「考えること」「学ぶこと」「成長すること」は、本来ワクワクする楽しい行為である。

15. 反射的な習慣を身につけるには、3週間程度が必要。まずは「あ、考えなくちゃ！」からスタートし、日々考えて行動する人に成長していこう。

16. 「コンセプチュアルスキル＝考える力」が身についていると、テクニカルスキルやヒューマンスキルの成長も早くなる。コンセプチュアルスキルは、役職者になってから身につけるのでは遅い。早い時期から意識して成長させよう。

17. 一時的ではなく、継続的に成功するための基礎力は「考える力」である。勤勉に知恵を出すことは、長い目で見ると成功の近道になるものだ。

18. 以上のことから、「考える力」を身につけることは、人生を豊かにしてくれる「一生の宝物」になると言える。そのために、この本を上手に活用してほしい。

セッション2

「理路整然」と考える。
で、どうやって？

1
本質を突いていないアドバイスほど、迷惑なものはない

　さてヤマダさん。
　これからのセッションでは、「理路整然と考える力」を身につけるにはどうしたらよいかを学んでいきましょう。

　ありがとうございます！
　新しい知識が身につくことは、嬉しいですよね。
　頑張って知識習得にはげみます！

　ヤマダさん、それでは単なる「ノウハウコレクター」になってしまいますよ。
　ノウハウは知識として集めるだけでは価値はありません。実際にドンドン使って成果を出すためにあるんですから。

　あ！　確かにそうですね。先ほど知識習得って言いましたが、知識って、固定化している印象がありますね。図書館のような……。

そうですね。もちろん「知識」を否定しているわけではありませんが、**ストックすることを目的にしても、「活用」にはなかなか至りません。**

　私の経験からですが、出会ったビジネスパーソンたちの大多数が、実は、**「知識はたくさんあるけれど、それが現実の世界で使えない人たち」**でした。

　例えば、「SWOT分析」を知識で知っていても、それが現実の情報整理や思考整理で活用できていなければ、「使えない知識」でしかないのです。前のセッションでもお話ししましたが、「知っている」ことは、ゴールではありません。

「学びながら、活用する」ことが大切なんですね！
　確かにそうすれば、学んだことを本当に自分のものとしていくことができますよね。
　ところで先生、一つお話ししたいことがあるんです。
　先日、職場の上司と話をしていたのですが、どうも納得がいかないことがあったんですよね。

ヤマダさん、興味がありますね。
　上司とのやり取りで何があったのか、詳しく教えてもらえますか？

はい。決めつけてはいけないんでしょうけれど、「上司って話を聞かないよな」と感じることがあったんです。
　今までの経験でも、**ベテランの上司になるほど、僕の話を聞いてくれない**というか……。
　僕は職場で新入社員の教育係になっているんですが、育成がうまくいかないんです。それで上司に相談したんですが、ちょっと話を

しただけで「それはお前の教え方が悪いからだろう」と決めつけられてしまって……。

なるほど。つまりヤマダさんとしては、自分の教え方の問題以外に原因があるのではないかと思っているんですね。

そうなんです！
確かに僕の教え方もまずいとは思いますが、新入社員の側にも問題があると思いますし、なんだかスッキリとしないんですよね。

それはつらいですね。きちんと話を聞いてもらえず、ロジカルに内容整理をしてもらえず、一方的に決めつけられてしまったら、モチベーションが下がりますよね。その気持ち、よくわかります。
では、ちょっとロジカルに今の話を考えてみましょうか。

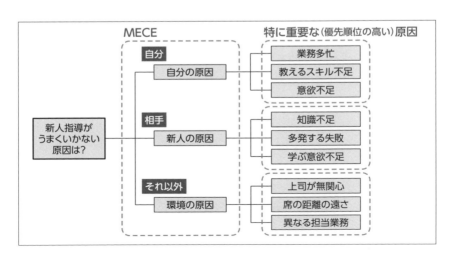

これは、「新人指導がうまくいかない原因」について、私がサンプルで作ってみたロジックツリー（項目を論理的に枝分かれするように構成した図）です。
　少なくともうまくいっていない理由は、「自分自身（教育係であるヤマダさん）」と「新入社員」という当事者2人と、「それ以外の環境面（上司や業務・職場環境など）」の3つで整理すれば、網羅的に考えられますよね。こうやって、ものごとを網羅的にモレやダブリがないように整理することをMECEと呼んでいましたね。

　なお、その先の階層（詳細内容）は、重要だと思われるものを仮に入れてあります。このように優先順位の高い内容を書くことも方法の一つですし、さらにMECEで整理することももちろん可能です。
　たとえば、「相手（新人の原因）」の詳細内容は、「知識」「スキル」「態度」という切り口（新人育成における主要3要素）を使って整理しています。

・知　識：知識不足
・スキル：スキル不足→多発する失敗
・態　度：学ぶ意欲不足

　　　　　　先生、まさにそのとおりです！
　　　　　　少なくとも、自分だけの問題ではないと思ってモヤモヤしていたんです。
　そういうふうに網羅的に考えたうえで聴いてくれる人だとありがたいなと思います。僕の上司も、ロジカルシンキングは学んでいるはずなんですが……。

これが「知っている」ことと「使いこなせている（習慣化している）」ことの違いです。どんなに素晴らしいことを見聞きしても、実践で使えなければ意味がありません。特に、**ロジカルシンキングは戦略系などの難易度の高い題材を使った「お勉強」はたくさんありますが、それが現実の身近な生活にも生かせなければ価値が半減します**。難易度の高いロジカルシンキングだけを研修で学んでしまい、「ロジカルシンキングって難しい」という印象だけで思考停止になってしまう人も少なくないと思います。それではもったいないのです。これは企業の人材開発担当者の姿勢が強く問われる例ですね。

ロジカルに考えることは、私たちの会話の質を高めてくれるのです。「部下指導がうまくいっていない原因」を聞いてあげる際、「自分のこと／相手のこと／その他（第三者や環境）のこと」という切り口がすぐに思い浮かべば、意見を網羅的に引き出すことができるわけです。そしてその中から重要な内容を引き出したり、さらにMECEで聴きだしたりしていくのです。
　網羅的に聴きださせていなければ、一部（限られた範囲）の情報から判断をせざるを得ませんし、本質を深堀りして聴けていなければ、表面的な情報で判断せざるを得ません。結果として本当に役立つアドバイスを伝えることはできないのです。
　これは、双方にとってマイナスとなる行為です。
　なぜなら、**ピントのずれたアドバイス（言動）は時間の無駄ですし、何より相手の信頼を失ってしまう**からです。

しかし現実の世界では、自己流の進め方をして話を決めつけてしまう人は少なくありませんよね。これでは真の人間関係を築くことは難しいと思います。

セッション2

「理路整然」と考える。で、どうやって？

　影響力の大きいマネージャークラスがしっかりとロジカルに考えられたとしたら、職場が変わるのです。だからこそ、若手の皆さんは早いうちにロジカルに考える力を身につけていきましょう。

「論理的に考える力」を学ぶことは、コミュニケーションの質を高めることにつながるのです。

　　　　　　先生、ありがとうございます。モヤモヤがスッキリしました！
　　　　　　僕も、後輩に接するときに、しっかり相手の話を網羅的に最後まで聴いてあげるようにします！

【ミニワーク】

あなたが人と接する際の会話に意識を向けてみましょう。
人の話を決めつけで聞いていませんか？
また、網羅的に話を聞いていますか？

【ワークの回答、実施して感じたこと】

2 「その場しのぎの対応」で満足していないか？

　　　　　先生、先ほど上司との会話についてお話ししましたが、もう少し職場について話してもいいですか？
　僕の職場はとても忙しく、日々あわただしく過ごしているのですが、トラブルが減らないんです。というか、最近はトラブルが以前よりも頻繁に起こるようになってしまって、困っているんです。

　　　　　なるほど。トラブルが頻発しているんですね。トラブルって具体的にはどんなことでしょうか。もう少し具体的に教えてもらえますか？

　　　　　はい。僕の職場は顧客対応が仕事なのですが、最近お客様からのクレームが増えているんです。「顧客対応の質が低い」というお叱りです。
　僕たちはとにかく毎日いっぱいいっぱいで、一生懸命頑張っているんです。クレームをいただいたときは、とにかくその場ですぐに誠実にお詫びをし、ミーティングで報告してみんなで気を付けるようにしています。スピードが大切だと思うので、すぐに上司にもメー

ルで報告を入れています。
　でも、最近さらにクレームの量が増えてしまって……。クレーム対応でますます業務時間が圧迫されてしまい、もうフラフラなんですよね。最近は職場の若手もクレームに慣れっこになってしまってきているような気がします。

　　　　それは大変ですね。
　　　　ところで上司にクレーム報告をしたときに、上司はどんな対応をしているのですか？

　　　　取引額の大きい重要顧客の場合は、上司がお詫びの電話をしてくれます。そうでない場合は、迅速に対応するように僕らに指示を出してくれます。

　　　　なるほど。ここまでのことを整理してみましょう。
　　　　話を正しく理解できたかどうか、確認しますね。
　　　　クレームが来た時の対応は、次の3つ。
①まずはその場でお詫びをする。
②上司にすぐにメールで報告し、重要顧客の場合は上司からもお詫びの電話をする。
③職場のミーティングでクレーム事例を紹介し、お互いに気をつけるように話をしている。
　　でもクレームは減らず、むしろ増えている。ヤマダさんとしては、どうしていいかわからない。……このような状況でいいですか？

　　　　はい、そのとおりです。
　　　　ほんと、クレームってイヤなものですよね。
　　　　叱られるって気分が悪いし、対応に時間は取られるし、

ツイてないな〜って思います！

　　　　　　ヤマダさん、そう感じる気持ち、わかりますよ。そのことについてお話ししたいことがいくつかありますよ。
　　　　　　一つずつクリアにしましょう。
　先ほど「クレームってイヤなもの」だと言っていましたね。**もしクレームをポジティブにとらえることができたら、どうなると思いますか？**

　　　　　　え？？クレームをポジティブにとらえるんですか？
　　　　　　そんなこと、考えたこともなかったです。
　　　　　　ちょっと難しいですが、あえて考えてみると……。あ！クレームを「チャンス」のひとつとして考えられるかもしれないですね。もっと良い応対をするためのヒントをもらった……と考えられると思います。

　　　　　　ヤマダさん、そうですね。クレームとは、お客様からの"もっと良くなってほしいという期待"なのかもしれませんね。どうですか？　**見方を変えると、別の可能性が見えてくる**と思いませんか？　これを「**リフレーミング（reframing）**」と呼んでいます。ものごとを見る枠組み（frame）を変えて（re）しまうということなんですね。

　　　　　　リフレーミングですか。面白いですね。
　　　　　　確かに**考え方を変えると、クレームに対するストレスが減りそうな気**がします。もっとポジティブな気持ちで対応ができるようになると思います。

72

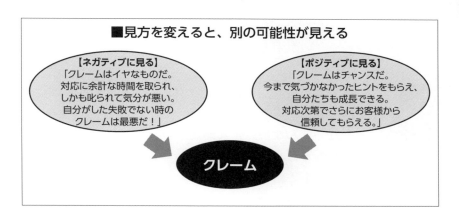

　さて、話を本題に戻しましょう。
　職場のクレームが増えているという件です。これって負のサイクルにはまっていることはわかりますか？

　え〜と……。
　「毎日多忙である」→「顧客応対がおろそかになる」→「クレームが発生する」→「クレーム処理に時間が取られる」→「ますます多忙になる」→「ますます顧客対応がおろそかになる」→「ますますクレームが発生する」……。
　考えてみると、確かに悪循環ですね！

　そうなんです。まさに悪循環ですよね。
　では質問です。この負のサイクルから出るには、どうしたらよいと思いますか？

　え〜と、難しいですね……。よくわからないです。
　あ、思考停止ワードをダブルで使ってしまいました！
　難しいですけど、必ず道はあると思うので、考えてみ

ます！　先ほどのリフレーミングを使って、みんなで前向きにクレームに取り組む……。いかがでしょうか。

　なるほど。たしかに、ものの見方を変えて取り組むことは、価値がありますね。
　ただ、どんなにみんなが前向きに取り組んでも、目のつけどころがわからなければ、徒労に終わることもあるのです。そこで、こんな考え方をご紹介しましょう。

　問題に対する対策には、さまざまな考え方がありますが、大きく分けると2つになります。
　一つ目は「**暫定対策**」です、暫定対策とは、「**トラブルや事故による被害をそこで食い止めるための対策**」のことです。
　例えば、目の前で火事が起きているとしましょう。とにかくこの火事を何とかしないと、延焼してさらに大変なことになりますよね。目の前の火を消して被害を食い止める。これが暫定対策です。

　さて、ここでヤマダさんに質問です。目の前で起きている火事を、何らかの方法で消しました。これで十分だと思いますか？

　対策が2つあるということは、きっとまだ何かあるのでしょうが……、個人的にはこれで大丈夫だと思います。なぜなら、火事は解決したのですから。火は消えたんですよね。

　ヤマダさん、ではもうひとつ質問です。
　目の前の火は消えましたが、火事が再発する可能性は"本当に"消えましたか？

え？　たしかに、目の前の火事は解決しましたが、同じような火事は他でも起こるかもしれませんね。あるいは同じ場所でも……。

そのとおりです。同じような火事は、再発する可能性があります。もちろん同じ場所でも起きる可能性があります。なぜなら火事が二度と起こらないようにするための手を打っていないからです。

さて、対策の話に戻すと、もう一つの対策とは、「再発防止対策」のことを言います。再発防止対策とは、「同類のトラブルや事故が再発しないように講じる対策」のことです。

では、先ほどの火事が再発しないようにするには、どんなことができるでしょうか？

火事が再発しないようにするには……、いろいろと考えられますね。思いついたことをランダムにあげてみると……、「消火器を装備しておく」「火災報知機を付ける」「みんなに火事を起こさないための教育をする」「周囲を禁煙にする」「見回りを強化する」「コンセント回りを清潔にする」「火事が起きたときの連絡体制を明確にする」などなど、いろいろと考えられますね。

なんか、「火事を防止するためのアイディア」と「火事が起きても大事にならないようにするアイディア」の両方がでてきました。の2つはMECEなんでしょうか？

今話をしながら、何より、「今回の火事の原因や燃え広がった原因をしっかり探って対策を練る」ことが大切ではないかと気がつきました。

ヤマダさん、ちゃんとMECEになっていますよ。
　そして、いいところに気がつきましたね。**トラブルや事故の原因をしっかりと分析して、再発防止の手を打つことが大切なのです。これが「本質的な問題解決」なのです。**
　ところが私たちは忙しいので、とりあえず目の前の火事が収まったところで満足してしまいます。あるいは、満足ではないけれど、忙しいのでこれで仕方がないと思ってしまうのです。
　「忙しくて無理」「それは仕方ないよ」……まさに思考停止してしまうのです。

　ようやく、先生が伝えたいことがよくわかってきました。僕の職場で起きているトラブルについても全く同じなんですね。
　クレームはあるけれど、忙しい。だから暫定的にお詫びや「気を付けよう」という話にはなるけれど、再発防止まで踏み込んでいない……。それで同じようなクレームが再発するんですね！「思考停止の行動」（P45）の⑥って、まさにそういうことだったんですね。実感できました。

　ヤマダさん、そのとおりです。
　再発防止対策について考えるのは、大変です。原因をしっかりと分析しなければなりませんし、時間もかかります。他部門との交渉や調整、教育なども必要となるかもしれません。忙しい時には、敬遠されがちなことですよね。**でも、発想が逆なのです。忙しいからこそ、しっかりと再発防止対策を打つことが大切なのです。**多くの人はこのロジックに気づかずに、目の前の「楽さ」を選んでしまうのです。でもその結果、再発して同じことに振り回されてしまいます。

先生のおっしゃる通りですね。「思考停止の言葉」の[20]のように「**忙しくて無理だよ**」ではなくて、「**忙しいからこそ取り組む価値がある**」ということなんですね。再発防止の手を打つことが大切だということは、よくわかりました。
　でも、僕はマネージャーじゃないし……。そんな立場にないので仕方がないですよね。

　ヤマダさん、また思考停止していますよ。
「**それは仕方がない**」「**これは自分の仕事ではない**」ではありません。「**必要なことは、自分で考えて行動する**」「**この状況の中で自分は何をするべきかを考える**」ことが大切なのではありませんか？
　ヤマダさんは上司よりも現場のことをよく知っていますよね。だからこそ、ヤマダさんが感じたことには価値があり、思ったことは上司に提案する必要があるのです。

　先生、今の言葉で気づきました。僕は今まであきらめていたんです。
「忙しいから無理！」「これ以上忙しくなるのはゴメンだな！」「それは僕の役割じゃないから……」「上司がやればいいだろう……」と考えていました。
　でも、よくわかりました。**気がついた人がしっかりと提言しなければ、現状はずっと変わらない。いや、さらに状況が悪くなっていくんでしょうね。**現場の悪循環を断ち切るために、さっそく明日の会議で問題提起をしてみます！　みんなが納得するように、ロジカルに状況を整理していきます。

【ミニワーク】
あなたの現実の業務について考えてみましょう。
①トラブルやミスが起きた際に、「暫定対策」と「再発防止対策」はどのように行われているでしょうか。「暫定対策」ばかりになっていませんか？
②あなただからこそ提案できることは何かありませんか？

【ワークの回答、実施して感じたこと】

3 「区別化」は人生に役立つ「味方」である

　　　　さて、ヤマダさん、ひとつケーススタディを考えてみましょう。次のシチュエーションに自分が置かれたとしたら、どのように考えますか？

　単純なケーススタディですが、5分程度で自分の考えを整理してみましょう。

> 【ミニケース①】あなたなら、どうしますか？
>
> 　あなたは入社2年目の会社員です。
> 　先輩と一緒に業務を担当していますが、なかなか独り立ちができません。ミスも多発し、最近では「自分はダメなのではないか……」と思っていた矢先に先輩から「ダメじゃないか！」と言われました。きっと部長も、使えない私を採用したことは間違っていると会社に報告するに違いない……。もう、辞めたい……。

　　　　はい。そんなのは、気にしないで「気合い」で頑張ればいいんですよ！　深く考えないほうが人生、うまくいくものですよ。あれ、「ドンマイ！　気にしない！」って、

思考停止の言葉でしたっけ……。
　でも、このミニケースみたいに落ち込んでしまう人って、実は案外多いですよね。僕の周りにもいます。

　今回は2年目の社員という設定でしたが、このようなことで心が折れてしまう人が、とても多いのです。
　そして、本当に辞めてしまう人もいます。または、親の手前、または世間体で辞められず、心を病んでしまう人も実際に多くいます。
　でも、「考える力」がしっかりしていれば、このようなことにはならないのです。
　ポイントは、「区別化」という考え方です。
　ものごとをゴチャゴチャにしてまとめてとらえるのではなく、しっかりと区別することが大切なのです。

　では、何を区別化すればよいのでしょうか。このケースでは2つ考えられます。

a.「業務能力」と「人格」を区別化する。
　「仕事でミスをしていること」と「自分の人格」を一緒に考えてしまうと、自分が傷ついてしまいます。入社2年目ですので、ミスをすることは当然あるでしょう。しかし現実には、この区別化の考え方がしっかりと身についていて「君は素晴らしい。でも、この仕事に関してはミスが続く。どうしたんだろうね」と叱ってくれる先輩は、残念ながら少ないと思います。
　ですから、自分で区別化ができるような思考パターンを覚えましょう。まず、知っておいてください。
　仕事でミスが連発するからといって、あなた自身はダメな人間で

はありません。

　ミスは、経験不足や知識不足によるものであり、もちろんしっかりと学ぶことは必要です。同じ失敗を繰り返さないようにすることも重要です。ですが、このことはあなたの人格とは無関係です。

b.「事実」と「想像」を区別化する。

　これも、現実の人間関係でありがちなことです。
　想像で相手のことを決めつけてしまうパターンです。
　先輩が言った「ダメじゃないか！」は、業務への対応が悪かったことに対してなのか、あなた自身のことを言ったのか分かりません。
　さらに、上司である部長は、あなたのことを一言も「ダメなやつだ」とは言っていませんね。まして、採用が間違っていたことも言っていませんし、会社にそんな報告をするなんて、かなり妄想が広がってしまっています。これはあえてわかりやすい極端なケースにしていますが、でも、似たようなことはありませんか？

　頭の中で明確に「区別化」をすることで、心がスッキリします。
　これをするかしないかで、若いパワーを発揮して「何度も挑戦してみよう！」と思えるか、「もういいや。辞めちゃおうかな」と思うかの大きな差ができてしまうのです。

　なるほど、ものごとを「区別化」して考えることは、人生の役に立つのですね！　自分を責めないことって、成長のためには大切なんですね。

　誤解しないでほしいのは、ミスの反省をしっかりとすることは大切です。そうしないと、成長がありません。
　ただ、「反省する際に自分の人格を責めるのは、やめま

しょう」ということです。
　「区別化」という考え方は、私たちの人生に大いに役に立つ考え方です。 先ほどのケースでは自分を助けてくれますし、実はセッション1で紹介した「思考停止の状態」から出る際にも大いに役に立つのです。

そうなんですか！
でも、思考停止状態から出るために、何を区別化すればよいのでしょうか……。

ヤマダさん、わかりました。
では、あらためて39ページのリストを見ながら聞いてください。
「区別化」が特に役立つものをピックアップしていきましょう。

　1の「難しいよね……」は、「難しいこと」と「難しくないこと（すでに理解できたこと、やさしいことなど）」を区別化しましょう。そうすることで、「すべてが何となく難しくなってしまう状態」から脱出できます。**「難しくないこと」は、すぐに実行すればよいですし、「難しく感じること」は理解できるようにすればよいわけです。**
　2も同じです。「わからないこと」と「わかること」を区別化することで、先に進むことができるのです。**「わかること」まであきらめてしまっては、もったいない**ですよね。
　4は、「どのような状況で使える（成り立つ）」のか「どのような状況では使えない（成り立たない）」のかを区別化しましょう。こうすることで、**状況によって使い分けができる**ようになります。
　7・9は、「知っている」と「できる」、「使いこなしている（習慣化している）」状態は全く違うことを区別しましょう。セッショ

ン1（P42）でも伝えましたが、「知っている」ことは決してゴールではありません。

　企業や組織には、必ず何らかの特殊性があります。しかし、それを言い訳にしても、学びはありません。⑧は、特殊な状況の中で「何が当てはまるのか」「何が当てはまらないのか」を整理することで、先に進むことができます。

　いかがですか？　ほかの項目でも区別化が使えるものがありますが、特に効果的に使えるものをご紹介しました。
　こうやって、区別化をすることで、思考停止からも脱出できるようになるのです。

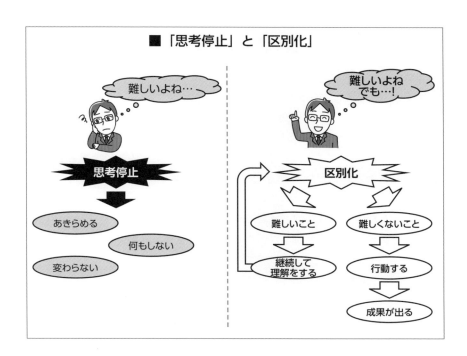

先生、面白いですね〜！
　頭が止まっている状態は、いろいろなことがごっちゃになってしまっているんですよね。だからこそ、「区別化」をすることに大きな価値があるんですね！
　僕はすぐに頭の中がごちゃごちゃしてしまうので、区別化は役に立ちそうな気がします。

ヤマダさん、そのとおりです。
うまく本質をつかみましたね。
　さて、ここではまたミニケースを考えてみましょう！
　もしあなたがそれぞれのケースの主人公であったなら、どのように考えますか？

【ミニケース②】あなたなら、どうしますか？

(1) あなたは入社7年目の社員です。
　　このたび、全社成果発表会で発表することとなりました。発表会は、全社から数百人規模が集まり、盛大に開催されます。
　　あなたは人前で話すのが苦手なので、自分が中心になって成果を出した業務の発表とはいえ、自分には発表は無理ではないかと考えています。

(2) あなたは3年目の営業系社員です。
　　主要取引先H社のY部長が苦手で困っています。非常に強引な性格のように見受けられ、あなたの話もあまり聞いてくれません。
　　Y部長に対する苦手意識が強く、ついついH社を訪問する頻度が減ってしまいがちです。

う〜ん、何を区別化すればよいのでしょうね……。
　(1)は、数百人だと思わないでやってみればいいのでしょうか。それとも「聞き手をカボチャと思え」とよく言われますので、人とカボチャを区別化するとか……あっ、これは冗談ですよ！
　(2)は、苦手意識を取るために、ちょっと前に学んだ「リフレーミング」が役に立つのではないかと思います！　Y部長の苦手なところの見方を変えてみる……とか。

　ヤマダさん、学んだ内容を生かしていますね！
　さっそく使ってみる。これこそが学習内容の定着の近道ですよね。
　では、それぞれについて考えてみましょう。

　いろいろな考え方があるかと思いますが、(1)のような場合、**人の3要素である「思考」「感情」「行動」を一緒に考えない（区別化する）**ことが、自分のパターンを変える一つの道になります。
　人は通常、この3要素のバランスが取れていて、このケースの場合、「人前で発表なんか無理【思考】」「発表なんかしたくない【感情】」という状況であれば、【行動】は「発表を断る」になりやすいです。なぜなら、ネガティブなところでこの3つがバランスを取ろうとするからです。
　しかし、これでは成長がありませんね。

　ではどうしたらよいでしょうか。
　効果的な方法のひとつは、**「思考」**（できる・簡単だ／できない・難しい）や**「感情」**（好き／嫌い）の2つと、**「行動」**（する／しない）を区別化することです。

「難しく嫌だ」と感じることでも、「する」という行動を選ぶことはできますよね。「難しくても、必ず道はある」と考えることが道を開いていくわけです。ではもし（1）のケースで、「発表する」という行動を選択した場合、どのようなことが起こるでしょうか。

　実は、「行動」がポジティブに変化したことに伴い、次第に他の要素である「思考」や「感情」もポジティブに変化してくるのです。「発表することを受諾する【行動】」→「成功させるための方法を考え始める【思考】」→「少しずつ練習する」→「少しずつ自信がつく」→「発表は上手くいくかもしれないと思いはじめる【思考】」→「発表が楽しみになってくる【感情】」……こんなふうに変化していきます。

　ところで、ヤマダさんの現実の世界でも、「思考」「感情」「行動」を区別化することで、変化が起こることはありませんか？　思いついたことがあれば、ぜひ教えてください。

　やっぱりカボチャは関係なかったですね（笑）。
　僕自身に関していえば、彼女に告白するときって、まさにそんな感じでした！
「告白しても無理かな～」と思っているときって、感情も「大好きなんだけど、告白して友達関係すら終わってしまったら嫌だな」と感じていて、結局「告白せずに、このまま現状維持でいる」という行動を選んでいたように思います。
　でも、「思い切って告白しよう！」と決めてからは、「成功するためにはどうするか」を考え始め、結果として緊張はしましたが、「告白する状況を楽しむことができた」と思いました。
　先生、変な例でごめんなさい。

いえいえ。まさにそのとおりですよね。とってもわかりやすい事例だと思います。
　今の例を応用して考えてみると、仕事の中でも同じようなことが起きていると思いませんか？　前の項目で扱った「上司への提案」でヤマダさんが躊躇したのも、同じ考え方で前に進むことができるのです。思考や感情にふりまわされず、やるべき「行動」をしてみてはいかがですか？

　ところで、ヤマダさんが先ほど言っていた「聞き手をカボチャと思え」という話は、「本質」について学ぶちょうどいい題材です。これは、この次の単元で扱いましょう。

さあ、話を戻して（2）のケースについて考えましょう。
　（2）には、2つの考え方があります。

a.「Y部長」と「H社」を区別化する。

　まず、「Y部長」と「H社」が一体化してとらえられているのを区別化してみましょう。Y部長はH社の人ですが「H社そのもの」ではないですよね。
　このケースでは、Y部長の印象がそのままH社に対する印象になっており、H社自体に訪問する頻度が減っています。区別化をすることで、少なくともH社の他部門には訪問できるようになりますよね。
　なお、「上司や先輩がサポートして、一緒にY部長のところへ訪問するようにする」という考え方や「担当をH社から変更する」という方法もありますが、そうしてしまうと、根本が解決しないので、なかなか独り立ちできないかもしれませんね。つまり、「再発防止対策」になっていないわけです。

b. ものの見方やとらえ方を変える。

　もうひとつの考え方は、先ほどヤマダさんが解答した「リフレーミング」です。

　人間の性格は「表裏一体」なのです。
「Y部長が強引な性格である」というネガティブなとらえ方をしていますが、もちろん逆のとらえ方もできますよね。また、Y部長の対応を「嫌なもの」としてとらえていますが、もしかしたら、Y部長の対応から「学びを得る」こともできるかもしれません。

　では、この続きはヤマダさん、考えてみましょう。

　はい。ほめられたので、リフレーミングはすっかり得意になったような気がします！
　Y部長の強引に見える性格も、ポジティブにとらえてみれば、「頼もしい。周囲に対して強い影響力がある。場を仕切る力がある」というように考えられるのではないでしょうか。こう考えると、Y部長は味方につけたほうがいいですね！

　もしY部長が自分の味方になってくれたら、H社の社内で自分たちのことを強くプッシュしてくれるかもしれませんね。これはあくまで僕の想像ですが……。

　でも、こうやってリフレーミングしてみることで、気持ちがとても楽になるように感じます。

　リフレーミングで心が楽になってから先ほどの「行動」をしていけば、苦手だと思っていたY部長のところにも、行きやすいかもしれませんね。

　そうですね。
　今考えてもらったことは、あくまで「想像」であって「事実」ではないかもしれません。でも、社内で悶々と

して訪問という行動に移せないでいるよりも、はるかに前向きになれるのではないでしょうか。

「区別化」や「リフレーミング」は、私たちの人生を楽にしてくれる「味方」さらには「武器」のような考え方なのです。

ヤマダさんの考え方のひとつとして、ぜひ持っていると良いと思いますよ。

【ミニワーク】

あなた自身について考えてみましょう。

①「区別化」や「リフレーミング」は、頭が混乱しているときやものごとをネガティブにとらえているようなときに役に立ちます。「区別化」「リフレーミング」を活用することで、自分の頭がスッキリする事例を探してみましょう。

②自分の周囲の人の混乱を「区別化」や「リフレーミング」を使ってスッキリさせてあげましょう。

【ワークの回答、実施して感じたこと】

4 「考える力」と「プレゼン」の関係は、「本質」をとらえることで理解できる

　　　　さて、先ほどヤマダさんが「聞き手をカボチャと思え」という話をしていましたね。
　　　　この話をつかって、考えてみたいことがあります。

　　　　はい。面白そうですね！
　　　　カボチャの話は、みんながよく言っていますよね。
　　　　あ、これは思考停止の言葉の⑩と⑲ですね。
何回かそんな話を聞いたことがあったので、すっかり信じていました。でも、これって違うんですか？

　　　　では、ヤマダさんに質問です。
　　　　「他人に自分の考えや情報を伝えること」をプレゼンテーションと呼びますね。「プレゼン」と省略されることも多いので、身近な言葉ですよね。もちろん、発表もその中のひとつですし、「プレゼンとは発表のことだ」という人もいます。しかしそれではプレゼンの本質をつかみ切れていません。
　　　　さて、**プレゼンテーションの本質**ってなんでしょうか？

「プレゼンの本質」ですか。
「いかにカッコよく発表できるか」だとずっと思ってきたんですが、「他人に自分の考えや情報を伝えること」だと考えると、もっと違うところに本質がありそうですね。う〜ん、「いかに情報をロジカルにわかりやすく整理できるか」ではないでしょうか。

なるほど。これまでやってきた内容をふまえて答えてくれたんですね。それは大切なことですね。
でも、「情報をロジカルにわかりやすく整理する」ことは、プレゼンに求められることのほんの一部です。図を使って整理して考えてみましょう。

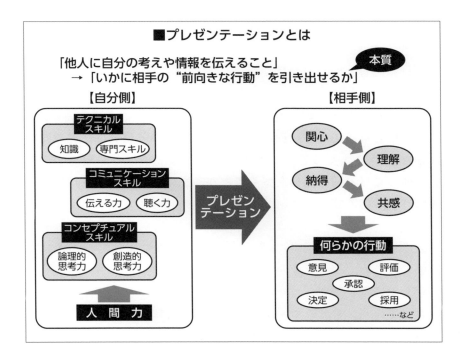

プレゼンテーションには、相手（他人）の存在が必要です。時には「相手」は複数の場合もありますよね。
　そこで、「自分」と「相手」の観点で考えてみましょう。

　セッション1（P56）でもお話ししましたが、この授業では「コンセプチュアルスキル」を身につけます。コンセプチュアルスキルが高まれば、「コミュニケーションスキル」の質も高くなり、「テクニカルスキル」も身につきやすくなります。

　でも、それだけではありませんよね。
　こうした3つのスキルのベースになるものが「人間力」です。
　「私たちが信頼できる生き方をしているか」が、根底に存在します。
　どんなに専門能力（＝テクニカルスキル）があったとしても、どんなに話が整理されていて（＝コンセプチュアルスキル）説明が上手でも（＝コミュニケーションスキル）、その人自身が信用できなければ、説得力がないわけです。

　「考える力」を日々まじめに磨いていくことは、実は人間力のトレーニングにもなるのです。日々堅実に努力している姿勢は、あなたの大きな魅力になるのです。秒速で瞬間的な成功など必要ないのです。ゆっくりと日々自分を磨くことが、息の長い人生の成功につながっていくのです。

　話をプレゼンに戻すと、そういった私たちのすべてが相手に伝わってはじめて相手を動かすことになります。
　考えや情報を整理し、それをデリバリースキル（＝伝える力）を使ってプレゼンするのですが、その時に大切になることは、プレゼンのゴール（＝本質）とは何かということです。

ではヤマダさん、改めて聞きますね。プレゼンの本質って何でしょうか。

はい。先ほどの図に答が載っていますので読むと……、**「いかに相手の"前向きな行動"を引き出せるか」** とありますね。でも、答えを読むだけでは自分で全く考えていないので……、ここまでで感じたことを2点お話しします。

一つ目は、「人間力」なんて考えたこともなかったということです。
でも、確かに重要ですよね。性格だけでなく、その人の「あり方」自体が問われていることには、強い納得感があります。

二つ目は、プレゼンをする時に「相手」のことなど考えたことがなかったということです。いつも「自分」に意識があったような気がします。「うまく話さなくては」とか「緊張するな〜」とか……。

確かにそういう人は多いですよね。
そもそも、**プレゼンテーション（presentation）という言葉は、プレゼント（present）をすること（-tion）という意味**です。

では、ヤマダさんに質問です。
ヤマダさんが恋人や友人、家族にプレゼントを選んで渡そうとするときに、「自分」に意識を向けたりしますか？「こうやってプレゼントをしている自分ってカッコいい……」とか、考えますか？

あはは、先生、さすがにそれはないですよ！
その人がプレゼントを喜んで受け取ってくれるかが気になって、そのことに意識を向けていますよ。

あっ、ということは……、**プレゼンも自分の考えや情報を他人にプレゼントするということ**なんですね！　だからこそ、自分に意識

を向けるのではなくて、相手に情報を受け取ってほしい、わかってほしいということに集中することが大切なんですね！

ヤマダさん、そのとおりです！
プレゼンでは、「伝える力」も「内容を整理する力」も、すべては相手が情報を受け取りやすくするためのものなんです。だから、このことがわからずに、表面的にプレゼンのスキル（技術）のトレーニングをしても、あまり意味がないんです。

でも、現実にはそのような表面的なトレーニングプログラムや本は世の中にたくさんありますよね。

91ページの図をもう少し解説すると、プレゼンテーションを行うことで、相手には変化が起こります。「関心」を持ち、内容を「理解」し、「納得」し、「共感」します。そうすることで、「何らかの行動」が起こるのです。

何かの報告会などの場合は、それによってあなたのことを「評価」するでしょうし、提案などの場合は、あなたに任せるよと「承認」されるかもしれません。いずれにしても、何らかの相手の行動があるわけです。

プレゼンとは、そこにアプローチするわけです。何らかの"前向きな行動"を引き出すことが大切なんです。

先生、とてもよく理解できました。
相手をしっかりと意識して、相手の行動にフォーカスすることが大切なんですね。
ということは、「相手をカボチャだと思うこと」は、目的達成に全く役に立たない考え方だということですね。もちろんカッコよく話そうとすることも、自分に意識が向いているので効果的ではないと

いうことですね。

　　そうです。相手をカボチャだと考えて無視することは、目的達成とは正反対の手段だということです。
　こうやって、ものごとの本質をとらえることで、正しい判断や行動ができるようになるのです。

【ミニワーク】

あなた自身について考えてみましょう。
①あなたがもっと磨きたいと思っていることは何でしょうか。P91の図を考えてみましょう。
②「相手」を意識してプレゼン（上司への報告や会議での発言、後輩への指示などもプレゼンです）をしてみましょう。

【ワークの回答、実施して感じたこと】

「理路整然」と考える。
で、どうやって？

セッション2のまとめ

1. 知識はストックすることが目的ではなく、活用してこそ価値が生まれる。そのためにも、「学びながら活用する」スタンスが重要である。

2. ロジカルに網羅的に考えることは、会話の質を高めてくれる。一部の限定的な情報や、表面的な情報で判断しピントのずれた言動をしていないだろうか。

3. ものごとの見方を変えることで、別の可能性が見えてくる。これをリフレーミングと言う。一見ネガティブな内容であっても、ポジティブな側面をとらえることで、気持ちが楽になるなどの新たな展開が生まれることも多い。

4. 多忙さを理由にして、一時しのぎの対応（暫定対策）に終始していないだろうか？　再発防止を考えて手を打たないと、結局は時間の無駄になってしまう。

5. トラブルや事故の原因をしっかりと分析して、再発防止の手を打つことが大切である。これが「本質的な問題解決」であり、忙しいからこそ、根本を解決する姿勢が重要なのだ。

6. 「それは上司の仕事だ」「自分には関係ない」ではない。現場をよく知っている担当者だからこそ言える（わかる）ことがある。思考力を磨き、上司が納得するように提案することが大切なのだ。

7. 「区別化」は、自分の人生に大いに役立つ考え方だ。ものごとをゴチャゴチャにしてまとめてとらえるのではなく、「区別化」してみよう。「区別化」によって悩んだときに自分を救うこともでき、思考停止状態からも脱出することができるようになる。

8. 失敗したからと言って、自分はダメな人間ではない。「失敗をするということ」と「人格」を一緒にしてはならない。ただし、ミスの反省はしっかりとおこない、同じ失敗は繰り返さないようにすること。そうしなければ、成長しない。

9. 人は通常、「思考」「感情」「行動」の3要素のバランスが取れている。しかしこの3つがネガティブになっていると成長がない。その場合には、まず「行動」をポジティブに動かしていくことで、他の要素もポジティブへとシフトさせることができる。

10. 「区別化」や「リフレーミング」は、私たちの人生を楽にしてくれる「味方」となる考え方である。上手に活用していこう。

11. 「コンセプチュアルスキル」「コミュニケーションスキル」「テクニカルスキル」のベースにあるものが「人間力」である。日々「私たちが信頼できる生き方をしているか」が重要である。なぜなら、それが、他人を動かす（プレゼン）で問われてしまうからだ。

12. 「考える力」を日々まじめに磨いていくことは、実は人間力のトレーニングにもなる。ゆっくりと日々自分を磨くことが、息の長い成功につながっていくのである。

13. プレゼンテーションとは、自分の考えや情報を相手（他人）にプレゼントするということ。
だからこそ、自分ではなく相手に意識を向けることが成功への近道である。なお、プレゼンとは、発表だけではなく、報告や指示命令なども含まれる。

14. プレゼンの本質は、いかに相手の“前向きな行動”を引き出せるかである。ゴールをしっかりと見た情報伝達が日々問われているのだ。

セッション3

「自由奔放」に考えたい。でも、それを阻害するものがある！

1
柔軟に現状をとらえ、それを共有すること……実はその難易度が高い！

セッション3に入りました。
　前のセッションは、理路整然とロジカルに考えることを目的とした内容を学びました。このセッションでのキーワードは**「自由奔放に考える」**です。

自由奔放ですか！　それは面白そうなテーマですね。
　やっぱり枠にはめて考えることは大切ですが、時には枠を取っ払って考えることも役に立つのでしょうね。この2つって、MECEなんですよね。

ヤマダさん、冴えていますね。そのとおり、「枠にはめる」か「枠を外す」かのMECEで学んでいければと思っているんです。では質問です。「枠を取っ払って考える」とは、どういうことなんでしょうか？

え～と……「枠を取り払って考える」って、言うのは簡単ですが、深く考えるのは意外と大変ですね。
　あ、わかりました！　**「枠を取り払う」**ということは、

前提として「何らかの枠」が存在しているんですよね！ でも、何の枠でしょうか。ロジカルの枠？ それとも……。

ヤマダさん、なかなかいいですよ〜！ そう、前提として「枠」が存在するんですよね。では、何の枠なのでしょうか？ ミニケースで考えてみましょうね。

【ミニケース①】何が問題なのでしょうか？

　Aさんは、入社15年目です。
　2週間前、初めての役職である主任に昇格し、昇格と同時に部署を異動しました。勤務する事業所が変わり、今までの専門とは違う分野の業務でもあり、何もかもが新鮮です。
　そんな中、職場での会議があり、自由に意見を述べるように課長から言われました。とは言え、課員20名全員が参加する会議で、異動したばかりの素人が発言するのもはばかられ、結局Aさんは「特に何もありません」としか言えませんでした。

これって、うちの会社の話ですか？ まさに同じような状況が、先日異動してきた先輩に起きていました。
　会議の後で僕たち若手が仲間うちで話したのは、課長がもっと配慮してあげれば、異動したばかりの先輩も恥をかかずに済んだのに……ということでした。このケースでも、Aさんがかわいそうだなと感じました。
　ということで、**これは「課長のマネジメント力不足」**ではないかと思います。

なるほど。確かに課長の問題も考えられますよね。
でも、**そこに焦点をあてても、本質は解決しません。**
Aさんは主任ですよ。このクラスは……もちろん若手クラスもですが……しっかりと最初から自分の意思表示をすることが求められます。

異動したばかりで、ものごとを新鮮に見ることができる時期です。いろいろと疑問に感じることもあるでしょう。今までの経験と照らして、違いを語ることもできるかもしれません。

でも、なぜAさんにはそれができなかったのでしょうか？

確かにそうですね。
自分をAさんに置き換えて考えてみると、きっと恥ずかしかったのだと思います。主任なので、それなりに立派なことも言わなければなりません。でも自分には専門的なことは何もわからない……。だから黙ってしまった。

今の時代、**沈黙は何の価値も生みません**よ。
思っていることがあっても、意思表示しなければ、何も伝わりません。「ただの思考停止している人」と思われてしまうのです。
さて、Aさんの行動を妨げていたものは何か。それは**「感情」**です。

感情ですか。「感情が行動を妨げる」って、どういうことでしょうね。前のセッションで「思考」「感情」「行動」のしくみがありましたが、ふつうはこの3つはつながっているんですよね。あ、そうか。**強いネガティブな感情がはたらくと、行動もネガティブになって、何もできなくなってしまう**んですね。

ヤマダさん、そのとおりです。
「失敗したらどうしよう」「素人の自分が話しても、きっとみんな聞いてくれないだろうな」「笑われたらイヤだな」「主任なのだから、立派な意見を言わなければ」といったネガティブな感情が先に立ってしまうと、結局は何も言えなくなってしまうのです。

　Aさんは異動したばかりで、いろいろな疑問や新鮮な気づきがあったにもかかわらず、それを自ら封印してしまいました。課長が個人面談などをして聴きだしてあげればよいのでしょうが、忙しい現場ではなかなかそんなことも言っていられません。**だからこそ私たちは、感情が行動を止めてしまうことを知っているべき**なのです。

　さて、2年後のAさんについて、ケースを用意してみました。考えてみましょう。

【ミニケース②】何が問題なのでしょうか？

　先ほどのミニケースで登場したAさんも、2年が経過しました。最初は新鮮だった新しい職場にも慣れ、最近は「そういうものなんだよ」が口癖になりました。
　課長から業務や職場についての改善点があるかを聞かれましたが、何も思い浮かびませんでした。異動した直後は、いろいろと思っていたことがあったのに……。

これは僕自身も経験があります。
いつの間にか、**今の状況が当たり前になってしまって、問題意識がなくなってしまうんですよね。**
これは新入社員にも起こり得ることだと思います。今は新鮮な目

で業務を見ていたとしても、次第に現状が当たり前になっていってしまうんですよね。

そうなんです。人間は、忘れる動物です。だからこそ、**日々気づいたことや思ったことをしっかりと記録しておくことが重要**なのです。これはこの授業のスタートのところでもご紹介しましたが、「後で理解できるようにメモを取る力」が問われるのです。

　さて、今回のケースでは、**同じ環境に長くいることで問題意識が薄れてしまう**ことが問題だと言えるでしょう。私たちは経験が長くなるにしたがって、**「現状が当たり前」**だと思ってしまいがちですが、決してそんなことはありませんよね。「現在の常識は未来の非常識」「自分たちの常識は自分たち以外の非常識」かもしれないことは、セッション1でもお話ししました。
　Aさんの「そういうものなんだよ」という口癖は、**決めつけ**ですよね。「思考停止に陥っている10の行動」（P45参照）でも紹介しましたが、頭が止まっているサインです。ここままではAさんは、現状に疑問を持つことなく、淡々と現状維持をし続けてしまうかもしれません。それですめばよいのでしょうが、時代は日々進化していますので、次第にAさんの職場での存在価値は小さくなっていってしまうかもしれませんね。

そのとおりなのでしょうね。
　『種の起源』の著者、チャールズ・ダーウィン氏の言葉に、『最も強い者が生き残るのではなく、最も賢い者が生き延びるでもない。唯一生き残るのは、変化できる者である』とあります。これもネットや本によく掲載されている言葉ですが、政

治家の演説にも引用される有名なものですよね。
　まさに変化への対応が大切であることがよくわかります。

　ヤマダさん。この言葉、よく調べましたか？
　よく見かける言葉ではありますが、実はダーウィン氏の言葉であるという証拠がなく、おそらく後世の人の創作であると言われていますね。
　しかし逆説的にとらえれば、これがダーウィン氏の言葉として、まことしやかに今でも語られているのは、この言葉がまさに「変化の重要性」を語っているからにほかなりません。

　さて、この単元では**「私たちが柔軟に現状をとらえ、それを周囲と共有することがいかに難易度の高いことか」**を考えてみました。
　でも、**難易度は高くても、必ず道はありますよね。**
　このあとの単元で、これらをしっかりと整理していきましょう！

2 「成功」の反対は、「失敗」ではない！

　　　　先生、ダーウィンの話では、また失敗してしまいました。僕もダメですね～！
　　　せっかく先生からいろいろ教わったのに、悲しくなっちゃいます。

　　　　ヤマダさん、**失敗はダメなことではありません**よ。
　　　そして、自分を責めてはいけません。しっかりと調べなかった行動は反省すべきですが……。
　そういえば、ヤマダさんはリフレーミングが上手でしたよね。さぁ、「失敗」をリフレーミングしてみると、どうなるでしょうか？

　　　　はい。「失敗が持つポジティブな価値」に目を向ければいいんですよね。
　　　「失敗とは、成功に向かう途中のフィードバックである」って、カッコよすぎますか？
　うまくいかないことがあったとしても、それはゴールに向かって**進んでいる途中の段階にすぎない**なんですよね！　反省をすることで、次はもっと先に進めますものね。

先生、ありがとうございます。気が楽になりました！

人は失敗をしながら成長するものです。
　失敗のない人などいません。ただ、ヤマダさんが言うように「失敗とは、成功に向かう途中のフィードバックである」ととらえれば、もしかしたら**失敗ということ自体が成功なのかもしれません**。失敗は実は成功なのだ……と。なぜなら、成功に向かうヒントをもらったわけですから、**失敗とは成功の一部**なのかもしれません。もちろん、そのためには**「失敗から学ぶ」**ことが大切です。**漫然と失敗しているだけでは成長しません**ね。さて、そう考えたとき、「成功の逆の概念」は何でしょうか？

「成功の逆の概念」……要は、成功の対極にあるものでよろしいでしょうか？
　それは、「行動しないこと」ではないでしょうか。
　行動すれば、何らかの結果が伴うわけですから、成功に向けて近づくわけです。でも、行動を何もしなければ、何も起こらない。したがって、**「成功の逆の概念は、行動しないこと」**である。どうでしょうか？　筋道立てて説明できた気がするのですが……。

ヤマダさん、さすがですね。そのとおりです！
　だからこそ、思考停止になって立ち止まっていてはもったいないのです。
「はじめに」でもご紹介しましたが、**私たちが自分の成長を諦めてしまったとしたら、それは自分に対する冒涜**だと思います。私たちは、それぞれ「自分がこの人生でやり遂げたいこと」を持っているはずです。そのために努力をすること、それは自分自身に対してとても重要なことだと思いませんか？

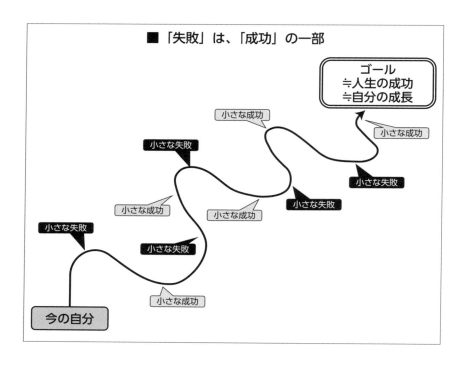

　私たちの人生の時間は限られています。**自分の成長は自分自身でおこなっていかなければなりません**。物語にあるような「神様」や「仙人」が指導者として急に目の前に現れて、毎日あなたに手とり足とり教えてくれるわけではありません。**これは仕事でもプライベートでも全く同じです。「学ぶ力」がなければ、成長はありません。行動をし、そこから学び、また次の行動をしていく……これを続けることで人は成長するのです。**

　もちろん、思考停止に陥ることも一つの経験ですから、そこから前に進むことができれば、学びを得ることができます。この個人授業は、そのためのガイドなんです。

そうですね。私たちは自分自身の成長にしっかりと責任をもたなければなりませんね。自分を成長させてあげられるのは、自分しかいませんものね。

僕も成長をあきらめずに、日々進んでいきたいと思います。ここまでの内容をふまえて、僕のゴールを設定してみました。**「周囲に対してプラスの影響力のある人間として、自分も周りも成長できるチームを作ること」**……そのために、自分の「学ぶ力」を向上させていこうと決意しました！

【ミニワーク】

あなた自身のゴールや失敗について、考えてみましょう。
①あなたが「最近失敗したこと」を思い出してみましょう。
それはどんなゴールに向けた行動だったのでしょうか？
また、その失敗から学んだことは何でしたか？
「ゴールに対する学び」として明確にしてみましょう。
②あなた自身の「成長のゴール」は何でしょうか？
そのためにどんな行動をしていますか？

【ワークの回答、実施して感じたこと】

3 私たちを止めてしまうもの……「4つのメンタルストッパー」

さて、話を本題に戻しましょう。
このセッションの最初で、Aさんのミニケースを考えましたね。人は日々、さまざまな「枠」にはまってしまい、先に進めなくなってしまうことがわかってもらえたのではないかと思います。
自由奔放に考えようと思っても、「枠」にはまってしまうと、なかなかできないものなのです。
そこでこの単元では、「枠」の存在について考えてみましょう。

いよいよですね。
Aさんのケースでは、「感情」や「同じ職場に長くいること」にはまってしまっていましたよね。
こういうものが「枠」なのでしょうか？

そうです。「思考停止」も「枠」にはまってしまうのでおこります。
ここでは、私たちのアタマを止めてしまう「枠」を、「**4つのメンタルストッパー**」として整理したいと思います。私たち

は人とのかかわり合いの中で生きていますので、「自分」の中でのものごとと、「周囲」からの影響について分けて考えてみました。

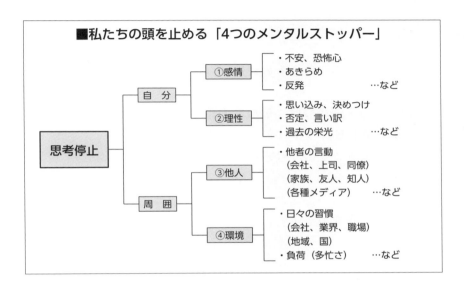

①感情

　自分の中の枠は、「感情」と「理性」という対義語でMECEになるように整理してみました。
「感情」にはまってしまうと思考停止に陥って行動ができなくなることは、これまでもお話ししてきました。
　たとえば、次のようなものがあげられます。

- 不安・恐怖心：失敗したら笑われるかな……　など
- あきらめ：どうせ言っても無駄だろうな……　など
- 反　発：そんなのやってられないよ！　など

　これらはほんの一例ですが、感情にはまってしまうことは意外と

多いのではないかと思います。

②理性

「理性」とは、ここではものごとのとらえ方や受け止め方などが含まれます。

　たとえば、次のようなものがあげられます。

> ・思い込み・決めつけ：そんなの知ってるよ　など
> ・否定・言い訳：ダメ・無理・できない　など
> ・過去の栄光：このやり方が一番成果が出るんだ　など

　このように、ものごとのとらえ方が間違ってしまうと、先に進めなくなってしまうのです。

③他人

　自分以外の「周囲」に関しては、「人」と「環境（人以外の要因）」で整理しました。これもMECEですね。

　私たちは、他者の言動に大きな影響を受けています。

「他者の言動」とは、たとえば、次のようなものがあげられます。

> ・会社・上司・同僚：上司が△△だと言うから……　など
> ・家族・友人・知人：○○さんの言うとおりにしなくちゃ　など
> ・各種メディア：□□新聞に書いてあるから……　など

　他者の言動を鵜呑みにしてはいけないことは、これまで何度もお話ししてきましたね。

④環境

　私たちが暮らしたり働いたりしている環境にも、思考停止になるファクターがいくつかあります。

　職場環境や日々の習慣が当たり前になってしまうと、その枠の外にある可能性が見えなくなります。「現在の常識は未来の非常識」「自分たちの常識は自分たち以外の非常識」であることは、すでにお話ししてきたとおりです。

　また、習慣以外にも環境で重要なものは、「負荷状況」です。多忙さを理由にして考えなくなることも、よくありますよね。たとえば、次のようなものがあげられます。

・習慣（会社・職場）：この業界では△△するのが常識なんだ
　　　　　　　　　　　　　　　　　　　　　　　　　　　　など

・習慣（地域・国）：うちの地域では○○するのがならわしだ
　　　　　　　　　　　　　　　　　　　　　　　　　　　　など

・負荷（多忙さ）：もう、これ以上はやれないよ！　など

　なるほど！　よくわかります。
　どれも、現実にありがちですよね。
　こういう「メンタルストッパー」にはまってしまうと、「自由奔放」に考えられなくなるのですね？

　ヤマダさん、そのとおりです！
　いつの間にか、こじんまりしたものの考え方や固定化したものの見方になってしまうのです。

　さて、これまでの内容をふまえてヤマダさんの身近なところで、メンタルストッパーにはまってしまった例があれば、教えてもらえますか？　そうすることで、より深く理解できるようになりますよ。

アハハ、たくさんあります！！
　自慢できることではないかもしれませんが、いろいろすぐに思いつきますよ。
わかりやすいように、4つの順番に挙げていくと……。

①感情

- 「会議とかで、みんなと反対の意見が言えなくなる」

　これは、**不安**の例だと思うのですが、自信をもって人と違う意見を言えずに、つい本心ではないのに賛成してしまうんです。

　それであとになって仲間内でぶつぶつ言ってみたりするのは、フェアじゃないなと自分でも感じます。

- 「どうせ自分はマネージャじゃないから、何も変えられないと思ってしまう」

　これは、**あきらめ**ですね。前のセッションで先生に指摘されたものです。反省しています……。

- 「そんなの聞いてないからやらないよ！と発言する」

　よくあるんですよ。知らないうちに決まっているようなこと。

　そんな時に、「聞いてないから」という理由で**反発**して無視する人、職場にとても多いんです！当事者意識がないんですかね。

②理性

- 「お客様の話を決めつけて聞いてしまう」

　これもよくあります。お客様の話を半分ぐらい聞いているうちに「あ、これは△△の話だな！」と**決めつけ**てしまうんです。

　それで思い込みで対応していると、お客様が「違う！」と怒り出してしまうんです。あぁ結局、こういうものが先日お話ししたクレームにつながっていくんですね。

- 「実績のない新しいやり方を試そうとしない」
 今までの実績のないものはリスクがありますよね。だから新しいシステムを導入するのに、ついついできない理由ばかりを探して、言い訳ばかりしてしまいます。
- 「今までの成功体験に安住している」
 これは職場のベテランクラスに多いです。自分が成果を上げたやり方ばかりを押し付けて、新しいアイディアをつぶそうとする。これって過去の栄光にしがみついていますよね。

先生、こんな感じでよいのでしょうか？

　　　ヤマダさん、とてもわかりやすい例ですね！　しっかり理解できていることがよくわかりますので、ドンドン続けましょう。ヤマダさんの頭の整理にもなると思いますから。すごくいいですよ！

　　　ありがとうございます！　ほめられると、やっぱり嬉しいものですね〜。では、続きを考えていきます。
　　　後半は、周囲のものごとが自分に影響を及ぼしてアタマが止まってしまう例ですね。

③他人
- 「その道の権威者の言うことを、疑いもせずに信じてしまう」
 うちの職場には、「生き字引」と言われる大ベテランがいるのですが、その人が言うことは、だれも疑いもしないんです。「あぁ、あの人が言うことだったら事実なんだろう」って。でも、本当でしょうか？　先生の個人授業を受けていたら、鵜呑みにするのは危険だと思いました！　これは他者の言動（上司）ですね。

・「友達が話す噂話を疑いもせずに信じてしまう」

　これは他者の言動（友人）ですが、考えてみるとこの手の体験は山のように出てきます。

　結局、こうやっていわゆる「都市伝説」などは出来上がっていくのでしょうね。誰も検証せずに話が広まってしまいますから。

・「著名人のブログや企業のサイトの内容を信じてしまう」

　僕が何度もだまされたやつです。これは他者の言動（各種メディア）ですね。

　でも、もっともらしく書いてあるんですよ！「○○だと言われています」って。**本人は信じ切って書いているのでしょうが、きちんと検証しないで内容を掲載するのは無責任ですよね！**

　メディア系は影響力が大きいですから、同じように信じ込んでしまう人が増えてしまうのは、やりきれない気持ちがします。

④環境

・「業界や社内でしか使われない専門用語を、疑いもせずに日常会話で使ってしまう」

　僕、これはこの間やっちゃったばかりなんです。

　会社の中では当たり前で使っている言葉なので、一般的な言葉だと思って彼女の前で使っていたら、「意味がわからない！」とめちゃくちゃ叱られました。

　でも、これって**お客様との関係でも起こりうること**なんですね。**専門家ではないお客様に自分たちの当たり前で話してしまう**……。これは日々の習慣（業界・職場）の例ですね。

・「勤勉に働くことが当たり前だと思っている」

　これは日々の習慣（国）の例です。

　僕には外国の友人が何人かいるのですが、きまって「何でそんなにまじめなの？　残業してまで働いて、休日も勉強して……」

と言われます。自分には当たり前のことなんですけどね。外から見ると奇妙に見えるみたいです。

でも、このことをリフレーミングして考えると、「**勤勉なのは、日本人のヘンなところではなく、強みなんだ！**」と言えるのではないかと思うんですよね。

やっぱり、**日本人ならではの勤勉さを生かして、世界で大活躍すればいいのではないか**と思うようになりました！

でもそれだけではなくて、もちろん「働き方改革」のようなアプローチも大切ですよね。今の「働き方の当たり前」を見直すという考え方も、当然重要だと思います！

・「自分で仕事を抱え込んでしまい、一人でパンクする」

あ、これは僕のことです。**負荷（多忙さ）**の例です。

後輩に仕事をおろしていけば、もっと上の仕事にも取り組めるんですけど、ついつい抱え込んでパンクして、忙しさにかまけて思考停止になる……。あぁ、これって悪循環ですね！

ヤマダさん、ありがとうございました！

こうやって**頭にあることを口にする**って、パワフルだと思いませんか？　話すことで、自分の気づきが次々と出てくるんですよね。**紙に書き出してみる**ことも同様の効果がありますのでお勧めですよ。

ところで、ヤマダさんが言っていた「日本人ならではの勤勉さ」の話、私もそのとおりだと思っています。**地に足を付けて、勤勉に日々考え行動すること**……それこそが国際社会で押され気味になっている日本が「自らの強み」を発揮していける道だと思っています。「強み」は磨くことで、さらに輝きます。他にはない強みですから、ドンドン磨くべきだと思うのです。

【ミニワーク】

あなた自身の経験の中で、「4つのメンタルストッパー」にはまった事例がないかを考えてみましょう。もちろん、言葉でなく出来事などでも構いません。

①感情

②理性

③他人

④環境

【ワークを実施して感じたこと】

4 「考える」世界に、「唯一絶対の正解」なんかない！

　先生、今は学習のちょうど折り返し地点ですよね。
　学んできている内容はとても役に立っていますし、僕にとって大きなインパクトがあります。
昨日もさっそく上司に報告してきました。
「我々は、4つのメンタルストッパーにはまってしまうものだ！」という話をしたら、上司も驚いていましたが、大いに納得してくれました。

　ヤマダさん、**学んだ内容をさっそく周りに共有化**したのですね。これは大切なことです。なぜなら、**他人にわかりやすいように発信・説明して「共有化」すること**は、学習内容の定着化に役立つからです。他人に説明するには、自分がしっかりと内容を理解し、消化していなければできません。なので、ぜひこれからも続けてほしいと思います。

　でも、ヤマダさんの話を聞いていて、一つ「危険だ」と思ったことがあります。さぁ、何だと思いますか？

え〜？？　全く想像もつきません！
　僕は学んだことを上司にそのまま紹介したんです。「4つのメンタルストッパー」の話も学んだとおり説明しました。それで、人間は「4つの枠」にはまってしまうから、職場でもお互いに気を付けましょう……と上司に話しました。

ヤマダさん、そこです！
さぁ、私が気になっているのは、何でしょうか？

あ、もしかして、「先生の話を僕がそのまま鵜呑みにしている」ということですか？
もはや、だれも信じるな……ということでしょうか？

ヤマダさん、**自分でよく考えて納得できれば信じてもちろん構いませんよ。**
　私も気を付けて納得感のある内容を話すようにしていますし、そうでなかったら、授業なんて成り立たないでしょう？でも、「鵜呑み」にしてはいけません。
　さて、私が気になっているのはヤマダさんが「人の枠になるものは4つである」と決めつけているところです。これって誰が決めたものなんでしょうか？

え？　だって先生が前の単元でお話しになりましたよ。
　あぁ、そうか。先生が言いたいことがわかってきました。**これはあくまで先生の分類であって、唯一絶対の分類方法ではない**ということですね。分け方次第では、3つにも5つにもなる……と。

ヤマダさん、そのとおりです。
「メンタルストッパー」という言葉自体も、「この表現が一番わかりやすいだろう」という理由で私がつけたものです。だから、別の表現に置き換えてもよいわけです。

世の中の学説にせよ、本の中の分析にせよ、ネットの情報にせよ、講師の説明にせよ、すべてその人の分類に過ぎません。あるいは、第三者による分類を借りたものに過ぎないのです。「唯一絶対の正解」というわけではありません。もちろん学説としてまとめられて定着しているものもあるでしょうが、それはあくまで現時点での整理の仕方であって、将来にもわたってベストなものであるかはわからないのです。

政治家であれ、学者であれ、経営者であれ、哲学家であれ、教師や講師であれ、**その道の専門家の言うことは、それなりに精度の高いことである可能性は高いですが、だからと言って「絶対」ではない**のです。以下の図は「絶対的な分類」ではありませんが、一例として参考になると思います。図の中の項目のどれひとつとして、「絶対」なものなどないのですよ。

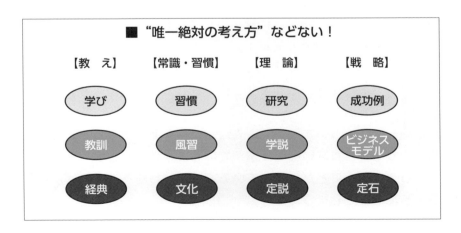

これは深い学びですね。
数学などは唯一絶対の答えがありますよね。
逆に、ビジネスや哲学、価値観の世界では、答えが一つではなく、いろいろな考え方や、やり方があってOKなんですよね。
でも、**僕たちは、ついつい「正解」を求めてしまいがち**です。

ヤマダさん、そうなんです。
だから、**成功したビジネスモデルが出ると、同じやり方に群がろうとしがちなのです**。それはその環境では成功したやり方かもしれませんが、自分たちに本当に有効かどうかはわかりません。もちろん、全く何もしないよりは遥かに有意義なことだとは思いますが……。

成功したビジネスモデルの話がありましたが、職場の若い子たちを見ていると、「正解」をほしがる傾向が強い気がします。でも、そうじゃないですよねっ！
あぁ……、よく考えてみると僕たちの年代も、うまくいくやり方にこだわりすぎているように思います。本来なら、いろいろなやり方を試せばよいのに、安心材料を探してしまう傾向がありますね。先生から言われて初めて気がつきました。

いまは、ギリギリで仕事をしている職場が多いですからね。
いろいろな企業の人たちに話を聞いてみると、**失敗が以前よりも許されない職場が増えている**ように感じます。そうすると、**うまくいくことがわかっている方法、いわゆる安全策ばかり取るようになってしまう**んです。
「失敗」は、必ずしも悪いことではないことはすでにお話ししまし

たが、それさえも許されなくなってしまうと、人は思考停止になって自由奔放に考えられなくなってしまうのです。

そうですね。まさに僕の職場も同じような状況だと思いました。
では先生、このような状況の中で、僕たちはどうしたらよいでしょうか？　でも、そう先生に聞いても「ヤマダさんの意見はどうですか？」と聞き返されてしまうので、僕なりに考えてみますね。
え〜と、**日頃から「ちょっと待てよ？　これって正しいのかな」と疑問をもって過ごせるように習慣化することが大切**ではないかと思います。先生、いかがでしょうか。

ヤマダさん、よくわかってきましたね！
こうやって少しずつ「考えることが習慣化していく」のです。まずは**条件反射的に「あ、考えなくちゃ」**と気づくようになってきましたよね。
それこそが大切なんです。
さて、ヤマダさんが質問してくれた「どうしたらよいか」ですが、ヤマダさんが言うように、**まずは日々「全てが正しいわけじゃない」と思いながら過ごす**ことが大切です。
「そんなの精神論じゃないか」と思うかもしれませんが、違います。
たとえば本を読む前に、「実はこの本の中で1か所だけ誤字脱字があります」とか「2か所間違いが入っています」とか言われたら、最初からそちらにも意識が行くと思いませんか？　しっかりと**普段からやるべきことにフォーカスをすることで、何が正しくて、何が正しくないのかを区別化しながら過ごせるようになる**のです。とは言っても、「唯一絶対の正解」など存在しないんですが……。

ともかく、最初から疑ってかかることは大切なんです。

　　　　　　　　ありがとうございます！　先生から質問をされること
で、少しずつ僕も考える習慣がついてきている実感があ
ります。まだまだ「質」は高くありませんが……。

【ミニワーク】

　これから1週間、自分の身の回りのものごとについて「全てが正しいわけ
ではない」と思いながら過ごしてみましょう。そしてそのことについて、
あなた自身はどう考えますか？　気づいたことをドンドン記録してみま
しょう。

【ワークを実施して感じたこと】

5 「ゼロベース」思考で枠を とっぱらった時…… あなたの可能性が開花する！

　　　　　さて、ここまでのセッションでは、「いかに人は自由奔放に考えられないか」について考えてきました。
　さまざまな「枠」があることで、人は固定化した思考になってしまいます。
　そこで、先ほどの単元では「唯一絶対の正解などはない」ことを学びました。そう考えることが、自分のアタマで考える際のベースになるからです。

　　　　　そうですね。「これはもう決まっていることだから」とか、「すでに体系づけられているから」という理由で考えることを放棄するのは、もったいないですよね。

　　　　　ヤマダさん、そのとおりです！　では、2つ質問をしますね。まずは最初の質問です。「自由奔放に考えること」には、どのようなメリットがあるのでしょうか？

　　　　　はい。自由奔放に考えることで、自分の固定観念から出ることができると思います。最初の頃、僕は「自分の

当たり前」にはまっていました。そのような状態から、脱出できるのではないかと思います。

ヤマダさん、いいですねぇ！ 自分にとってのメリットは今のとおりだと思います。では、周りにとってはどうでしょうか？

あぁ、「自分」と「周囲」のMECEで考えるのですね。
もし僕が自由奔放に考えられたら、周りも固定観念にはまらずにすみますよね。自由に考えてもいいんだ……って。
あとは、そうやってみんなが自由奔放に考え始めたら、新しいビジネスのアイディアや業務改善などがドンドンできるようになると思います！ あ、先生。これって**セッション1（P37〜）で考えた「現状維持から脱出するにはどうしたらいいか」の答え**じゃないですか！？「**改善**」も「**革新**」も、すべて自由奔放に考えることから**スタートする**のではないでしょうか。

ヤマダさん、そのとおりなんです。
セッション1では、そのまま「思考停止」の話になってしまったので、話が簡単に終わってしまっていたんですね。ですから、この単元で続きを扱いましょう。
そこで2つ目の質問です。「枠を取り去って自由奔放に考える」ためには、ほかにどのようなことが大切になるでしょうか。

う〜ん、そうですね……。
よく「ゼロベース思考」って言うじゃないですか。
ものごとを現状をふまえて考えるのではなく、一から考え直してみるというものですよね。きっとこれって役に立つので

はないかと思うのですが……。

なるほど。なかなかいいですね。
では、整理してみましょうね。P97の図の続きとしてとらえてください。ゼロベースの話も入っていますよ。

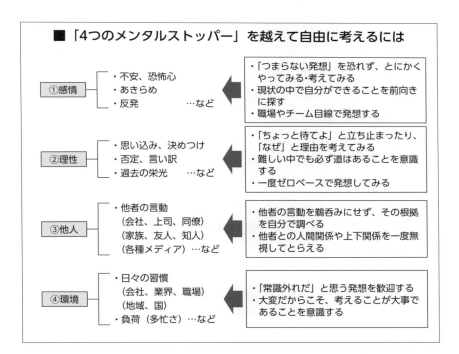

ここに書いた対策案は、考え方の一例ですが、参考になるのではないかと思います。**あなたの可能性が一気に開花するためのヒント**になるのではないでしょうか。それを日々実践するためのヒントは、次のセッション以降で扱っていきます。
そのうえで、簡単に解説していきましょう。

① 「感情の枠」を越えて自由になるには

・「つまらない発想」を恐れず、とにかくやってみる・考えてみる

→ 私たちは、つい「立派なことを考えよう」「いいアイディアを出さなければ……」「失敗したらどうしよう……」と考えがちですが、そうすることで自分の中に制限ができ、結果として何もできなくなってしまいます。

　ですから、「とにかくやってみる」ことや「つまらない発想でも構わないから考えを出してみる」ことが役に立ちます。

　こうやって「行動」することで見えてくるものもたくさんあるのです。それは、**行動した人にしか見えない世界**なのです。

・現状の中で自分ができることを前向きに探す

→ 「どうせできないよ」などとあきらめてしまうと、先の展開がまったくありません。今の環境の中で、自分ができることは何でしょうか。ダメ元で提案することや、周囲に働きかけることはできますよね。**環境や上司のせいにするのではなく、現状をもっとよくするための行動を小さなことでも実行する**……そうすることで、あきらめているだけの状況よりも、はるかに前進するものです。

　そのためには、どうすれば「上司が納得するだろうか」を意識して、説得力が高まるように伝える（視座を高めて提案する）ことも大切になりますよね。説得成功の可能性が高まりますよ。

・職場やチーム目線で発想する

→ 感情的反発は、当事者意識に欠けているときにおこります。

　「自分は知らなかった」「そんなの関係ないよ！」という発想ではなく、その状況で自分がチームのために何ができるかを考えなければ現状は変わりません。

　感情的な反発をしていても、あなたの立場が良くなることはありませんよ。

② 「理性の枠」を越えて自由になるには

・「ちょっと待てよ」と立ち止まったり、「なぜ」と理由を考えてみる

→先ほどの「とにかくやってみる」と対極の考え方です。思い込み
は自動的に起こってしまうので、ときどき立ち止まって**本当に
これでよいのか**を考えてみることが大切なのです。

　また、**「なぜこれをやっているのか？」**と目的や理由をしっかり
と確認することも価値があります。理由を確認してみると、「過
去の目的が消え失せてしまって、惰性でやっていること」が意外
と見つかったりするものです。

・難しい中でも必ず道はあることを意識する

→私たちは「難しい」と考えると思考停止になり、あきらめてしま
いがちです。これはこれまでのセッションでも何度もお話しして
きていることです。

　**「ムリ」「できない」「ダメ」と考えてしまうと、そこで道は閉ざさ
れます。**もちろん難しいことも多いでしょうが、そこで思考停止
になるのではなく、「必ず道はある！」と考えることが大切なの
です。

・一度ゼロベースで発想してみる

→先ほどヤマダさんの話にあったものですね。

　現状を当たり前だと思わずに、一から考えることは、価値があり
ます。なぜなら、**固定観念から脱出することができる**からです。

　……と言うのは簡単ですが、実際にやってみるとなかなかうまく
いかないものです。人はなかなか「現状をなかったこと」として
考えられないものなのです。

　そこで、ひとつワークをやってみましょう。

【ミニワーク】
　あなたの現状を「ゼロベース思考」で見つめ直してみてください。
　現状の当たり前を取り去って考えたとき、どんな発想が出てくるでしょうか。
　①仕事の進め方　　②職場環境　　③生活習慣（パターン）

【ワークの回答、実施して感じたこと】

　先生、僕もゼロベースで仕事について考えてみましたが、やっぱり難しかったです。「そんなこと言っても、現状は変えられないよな〜」って思ってしまうのです。
　でも、**だからこそきっと、本当にゼロベースで考えられたら価値があるんでしょうね。越えられない枠を乗り越えたところに、**ほかの人が考えられない発想や新しい付加価値があるのかもしれないな……と思いました！

ヤマダさん、いいところに気がつきましたね。
これもリフレーミングの一つかもしれませんね。
「難しいからこそ価値がある。」まさに、そのとおりだと思いますよ！

さぁ、では後半の解説をしましょうか。

③「他人の枠」を越えて自由になるには
・他者の言動を鵜呑みにせず、その根拠を自分で調べる
→これは何度もこれまでお話ししてきましたので、もう良いでしょう。「自分の頭で考える」ことのベースになるものですね。
・他者との人間関係や上下関係を一度無視してとらえる
→これは、人間関係にとらわれてしまって発想ができなくなる人におすすめです。「上司が言うから……」「その道の権威が言うのだから……」「親が言うから……」などなど、**自分と相手との人間関係の中で決めつけてしまっていることを、ゼロベースで見つめ直す**ということです。

④「環境の枠」を越えて自由になるには
・「常識外れだ」と思う発想を歓迎する
→一度、自分たちの**「常識」の外の世界を考える**ことで、今までにない発想を生みだすことができます。これもここまでのセッションの中で「現在の常識は未来の非常識。自分たちの常識は自分たち以外の非常識かもしれない」とお話ししてきましたね。
　もちろん、**どんなに常識外れだからと言って「他人に迷惑」をかけてはいけません**。これは、「自由奔放」の意味をはき違えてしまっていることは理解できますよね。

・大変だからこそ、考えることが大事であることを意識する
→これもセッション1の「思考停止」のところ（P43）でご紹介しました。**日々の仕事は忙しい。だからこそ、「考える」ことで仕事の質を高める必要があるのです。**

【ミニワーク】

「4つのメンタルストッパー」を越えて自由に考えるための方法を日々、実際にやってみましょう。何が得られましたか？
なお、メモには何にどう取り組んだのかを具体的に記録しておきましょう。

【ワークを実施して感じたこと】

「自由奔放」に考えたい。でも、それを阻害するものがある！

セッション3のまとめ

1. 思っていることがあっても、意思表示しなければ、何も伝わらない。「ただの思考停止している人」と思われてしまう。

2. 「思考」「感情」「行動」はつながっている。だから強いネガティブな感情がはたらくと、行動もネガティブになって、何もできなくなってしまうのだ。

3. 今の状況が当たり前になってしまうので、同じ環境に長くいると問題意識が薄れてしまう。

4. 失敗の逆の概念は、「行動しないこと」である。
   行動をしているからこそ、失敗をする。しかし、それは、ゴールに近づいているのである。
   だから、失敗とは成功の一部と考えられるのだ。もちろん、そのためには「失敗から学ぶ」ことが大切である。

5．自分の成長をあきらめてしまうことは、自分に対する冒涜である。だからこそ、「行動から学ぶ力」が重要である。

6．思考停止も、「枠」にはまってしまうこと（＝メンタルストッパー）で起こる。メンタルストッパーには大きく4つがあり、はまってしまうと自由奔放に考えられなくなってしまう。また、考え方がこじんまりしたり、ものの見方が固定化してしまう。

7．メンタルストッパーの1つ目は「感情」で、不安や恐怖心、あきらめ、反発などで起こる。
　2つめは「理性」であり、思い込みや決めつけ、否定や言い訳、過去の栄光などによって起こる。
　この2つは、自分の中で生まれる枠である。

8．メンタルストッパーの3つ目は、「他人」であり、他者の言動によって自分が左右されてしまうものである。
　4つ目は「環境」である。さまざまな習慣や負荷によって自分の枠が設定されてしまうものである。
　この2つは周囲との関係の中で生まれる枠である。

9．勤勉さは、日本人の欠点ではなく、強みである。
　「強み」は磨くことで、さらに輝くものだ。この強みを生かし、勤勉に日々考えて行動することが国際社会での活躍していく道ではないだろうか。

10．自分が学んだ内容は、周囲と共有化してみよう。

そのためには、しっかりと自分が理解していなければ
ならず、学習内容の定着に役立つのである。

11. 相手がどのような立場の人であれ、考え方については、
「唯一絶対の正解」など存在しない。
だからこそ、自分でその情報の正しさを検証する力が
大切なのだ。そうでないと、他人の言うことに振り回
されてしまう。

12. 世の中の学説、本の中の分析、ネットの情報、講師の
説明。いずれもその人の分類か、第三者による分類を
借りたものに過ぎない。学説としてまとめられて定着
しているものであっても、それはあくまで現時点での
整理の仕方であって、将来にもわたってベストなもの
であるかはわからないのだ。その道の専門家の言うこ
とはそれなりに精度が高いものである可能性は高い。
しかし、だからと言って「絶対」ではないのだ。

13. 失敗が許されない職場は、安全策ばかりを取るように
なってしまい、思考停止に陥ってしまう。

14. まずは日々「全てが正しいわけじゃない」と思いなが
ら過ごしてみよう。そうすることで、何が正しくて、
何が正しくないのかを区別化しながら過ごせるように
なる。とは言え、「唯一絶対の正解」など存在しない
ことは忘れずに。

15. はまってしまう枠を取り去ることで、自由奔放に考え

135

ることができるようになる。結果として、現状維持から脱出することができる。

16. 「ゼロベース思考」は枠を取り去るための効果的な方法であるが、実は難易度が高い。しかし、だからこそ価値があるとも言える。越えられない枠を乗り越えたところに、ほかの人が考えられない発想や新しい付加価値があるのだ。

17. 「常識」の外の世界を考えることは価値がある。
しかし、常識外れだからと言って「他人に迷惑」をかけてはいけない。

セッション4

「ノウハウプラクティショナー」を目指してみよう！

1 「たった一つの習慣」で、10年後に38倍パワーアップする

　　　　　セッション4は実践編です。
　　　　　これまで学んできた内容は、いかに実生活で活用して成果を出すかが重要ですよね。
　そこでこのセッションでは、さまざまな実践的な方法をご紹介しますので、実際に取り組みながら進めていきましょう！

　　　　　ぜひ、よろしくお願いします！
　　　　　学んだ内容をどう実践・活用するか、本当に興味があります。
　職場や日常生活でやっていきます！

　　　　　そうですね。ノウハウは「知識」としてため込んでも**価値はありません。**
　　　　　つまり、「ノウハウコレクター」から「ノウハウプラクティショナー」を目指せるといいですね。
　「ノウハウプラクティショナー」、わかりますか？

「プラクティショナー」ですね。
　電子辞書でさっそく調べてみます。
　あ、「開業者」という意味もありますけど、**「実践者」**という言葉がありました。なんかピッタリですね。

　NLPなどでも、プラクティショナーという表現を使っていますね。もちろん、日本語で**「知恵の実践者」**でもいいと思います。**なにも無理に英語にする必要もないでしょうし、自分が日々実践するうえでしっくりくればよいわけです。**たとえば、**前のセッションでご紹介した「メンタルストッパー」**も、**「思考をとめてしまう枠」でも構わない**わけです。言わんとしていることをしっかりつかんでいれば、つまり、本質さえつかんでいれば、どんな言葉で呼んでも構いません。
　言葉が難しいから、外国語だから……と、言葉にしばられて本質が見えなくなってしまうのは、本末転倒ですよね。

　そういえば、僕の上司が言っていました。
「会社の研修を受けていると、カタカナばかり出てきて訳がわかんないんだよな。ぜんぜん受ける気がしなくなっちゃうよ」って。
　世の中で流通している理論や用語なので、その用語で覚えたほうがいいのでしょうが、上司の気持ちも、僕は理解できます。

　たしかに、カタカナは多いですよね。例えばロジカルシンキングでもMECEやロジックツリーやフレームワークなど、とっつきにくい言葉も多いですよね。
　言葉は知らないより知っていたほうがいい。でも、それより重要なことは中身を理解して活用することです。外国語であることを理

由にして、取り組むことをためらって結局何もしないのでは、もったいないと思います。
　でも、先ほどのヤマダさんの上司の話は、研修をする側である講師にも責任があると思います。「いかに言葉ではなく、その本質の部分をわかりやすく伝えるか」が講師には問われているはずです。私も日々、そのことに心を砕いていますから。
　難しいことを難しく言うことは、だれにでもできるのですよ。
　講師であってもOJT指導者であっても上司であっても、「難しいことを簡単にわかりやすく伝えること」を本気で考えて実践することは非常に重要です。

　さて、本題に戻りましょう。
　このセッション4では、私たちが「ノウハウ・プラクティショナー（知恵の実践者）」として、日々「考える」ことを習慣にしていくためのポイントを学んでいこうと思います。

　さて、ヤマダさんに質問です。
　毎日ちょっとずつ成長する習慣が身につけば、長い目で見れば、大きく成長することができますよね。
　たとえば、毎日0.1％ずつ自分を成長させる習慣をつけたとして、1年後には、どれくらいの成長ができていると思いますか？

　え？　たった0.1％ですよね。1000分の1でしょう？
　たった1年ぐらいでそんなに大きく成長しないんじゃないですか？
　明日は1.001の自分になっているから、1年だと1.365ですよね。つまり、今の自分より36.5％成長しているのではないでしょうか。
　計算してみると、今よりも36.5％成長するって、悪くない気もし

ますね……。3年間で、今の2倍成長できるという計算ですよね。

ヤマダさん、計算がちょっと違いますよ。
明日の自分は確かに1.001ですが、あさっての自分は1.001のさらに1.001倍になっているのです。だから、1.001の2乗で考えるべきでしょう？ あさっての自分は1.002ではなく、正確には1.002001になっているのです。

なんだ、微々たるものじゃないか！ と思うかもしれませんが、これが1年になると、1.440になります。1.365よりもちょっと成長が大きくなりましたよね。

つまり、**毎日0.1％の成長を心がけていると、1年間で今の自分よりも44％成長できる**というわけです。

確かにそうですね。
でも、大して変わらないじゃないですか。
1.44も1.365も、四捨五入すればどちらも1.4ですよ。
どっちの計算でも、大差ないですよ〜。

ヤマダさん、確かに1年ではあまり変わらないかもしれません。
では、この習慣を10年続けるとどうでしょうか。

実は2乗の計算でいくと、加速度的に成長が大きくなっていくのです。なぜなら、同じ0.1％の成長でも、元の自分が大きくなるにしたがって、成長できる幅も大きくなりますよね。

実は、**毎日0.1％の成長を心がけていると、10年間で今の自分よりも3840％成長できる**という計算になります。つまり、今の自分の38倍になるということです。

それはすごいですね！　僕の計算方法だと、13.65倍になりますから、大きく違いが出るということですね〜。要は成長は加速するということなんですね。

　ヤマダさん、そのとおりです！
　「単なる計算じゃないか」とか、「そんなに毎日0.1％ずつ、きれいに成長できるわけないだろう」といった指摘もあるかと思います。
　それは、そのとおりでしょうね。
　でも、そうやって**批判をしているうちは、結局なにもしません**よね。
　批評家的に意見だけを言っていても、何も成長しないのです。
　行動がすべてなのです。このことは、これまでのセッションでもずっと一貫して伝えてきています。
　実際に38倍かどうかは、大して重要なことではありません。
　先ほども「本質」をとらえることが重要だと言いましたよね。
　ヤマダさんが言ったように、**この話の本質は、日々成長を心がけていると、結果として成長がドンドン加速していく**ということです。

　さぁ、ではワークです。
　具体的に考えてみましょう。10年前の自分を思い出してみてください。当時と比較して、今の自分はどれくらい成長していると思いますか？
　10年前は何歳でしたか？　どんな仕事をしていましたか？　中には学生だった人もいるかもしれませんね。
　その当時の自分について具体的に思い出したあと、当時と比較して、今はどの程度成長しているかを考えてみましょう。

【ミニワーク】

あなた自身の10年間の成長について考えてみましょう。

10年前と比べ、具体的にどの程度成長していますか？

仕事のスキルレベル、業務や周辺知識の量、視野の拡大、人間としての成長、……。

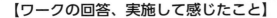

【ワークの回答、実施して感じたこと】

うわぁ。これはきつい質問ですね……。

改めて考えてみると、仕事は会社から言われて覚えなければならないので、**それなりにできるようになりましたが、僕自身は人としてほとんど成長していないのではないかと感じています。**この10年間、流され続けてきました。

計画的に勉強したこともなければ、人間力を高める努力も何もしていません。ただ、いろいろな人と接する仕事なので、コミュニケー

ション能力は成長したかな……。

　とは言え、成長する習慣は全く身につけていないので、仕事や環境が自分を育ててくれた分だけしか成長できていないのではないかと思います。

　先生の個人授業を受ける前の自分は、こんな感じでした。

　　　　ヤマダさん、正直にありがとうございます。
　　　過去は変えられません。もう戻ってくるわけではないですよね。**ですから大切なことは、「それで、今からどうするのか」**なのです。
「過去の自分」と「未来の自分」は同一ではないのです。
　気がついた時から、人は自ら成長させていくことができるのです。
　さぁ、それをいつからやりますか？　ということです。

　　　　先生、救われた気持ちになりました。
　　　さっそく今からやります！
　　　今日から、毎日0.1％でも成長できるようにしていきます。それぐらいの成長なら、僕でも目指せそうな気がします。

　　　　ヤマダさん、では質問です。**ヤマダさんにとっての0.1％の成長**とは、具体的には何でしょうか？
　　　毎日、どんな成長ができればいいのでしょうか？

　　　　あぁ、僕はいま勢いだけで「成長します！」と言っているんですね。**具体的に何をしたらよいかがわからずにただ成長すると言っても、実現できない**ですよね。
　しっかり考えてみると、「視野が広がること」や「論理的に考えられるようになること」や「ものごとの本質をつかめるようになるこ

と」や「柔らか頭で考えられること」や「人としての魅力を身につけること」といったことが僕にとっての成長なのではないかと思います。

　中には抽象的なものも混ざっているので、うまく論理的に整理できていないと思います。でも、話をしながら僕は、結局**「人間として一回り大きくなっていきたい」**んだなと気づきました。

　僕はまだまだ話すことも薄っぺらいし、間違ったことを言うかもしれませんが、その時は一生懸命なんです。

　一生懸命なのはいいことだと思っているので、あとは話すことの質を高められればと思います。その結果として「人間力」が向上していたらいいなと思います。

　なるほど、わかりました。
　ヤマダさんはいつも真剣に取り組んで、反省もしっかりしているので、成長が早いと思いますよ。そして、考えたことを口に出してドンドン発言していますよね。このように考えをアウトプットすることで、他人にもヤマダさんの考えを明確に伝えることができているのです。

　書いたり話したりしながらアウトプットの量を増やすことは、成長を早めるポイントの一つなんです。

　では次の単元からは、日々の実践のためのヒントについて、考えていきましょう！

2 「ひらめき」を生み出す体質を身につける。〜「一日一驚」のススメ

　　　　　ヤマダさん、ひとつ質問です。「アイディアがひらめく」などと言いますよね。では、「ひらめき」って、どうすればやってくると思いますか？

　　　　　え、そんなの「運」じゃないですか？
　　　　運が良ければやってくるでしょうし、そうでなければ何も浮かばない……。多くの人がそう感じているのではないでしょうか。

　　　　　なるほど、確かに多くの人は「ひらめきは運で生まれる」と感じているかもしれませんね。研修などでも、そのような声はよく耳にします。でも、それって本当でしょうか？
　　今のロジックでいえば、ひらめきがたくさん出てくる人は、単に「運が良い人」ということになりますよ。それでは何かがおかしいですよね。

言われてみれば、そうですね。もし、ひらめきの力を自分でコントロールできるとしたら、すごいことですよね。「考える力」の一部がコントロールできるようになる、ということですから。

ヤマダさん！ 今の話についてもっと聞きたいですね。いま**「考える力の一部がコントロールできるようになる」**と言いましたね。

つまり、ヤマダさんは、「ひらめきとは、考える力の一部である」と思っているんですね。具体的には、どういうことを考えているのですか？

あ、先生！ さすがすごいですね。
僕が話をした前提を鋭く掴みますね〜。
そうなんです。先生からの授業を受けている中で、ずっと考えてきたことがあるんです。

僕が考えてきたことは、「考える力と発想力の関係」についてです。
まず、僕が感じている「考える力」とは、2つです。
「論理的に考える力」と**「自由奔放に考える力」**。前者はカッチリと論理的に考えをまとめていく力ですよね。論理的に型にはめて考えることは、一見するとアイディア発想とは無縁なような感じがします。でも、論理的に考えることで、内容の不足などもはっきりして、結果としてさまざまなアイディアを網羅的に生むことができるのではないかと思うんです。ただし、出てきたアイディアは実務的で面白くなさそうですが……。

後者はそのまま発想力と直結するのではないかと思います。
枠を取り去って考えることで、斬新なアイディアがどんどん生ま

れるようになりますよね。ただ、あまり網羅的に考えられるような感じがしません。

　あ、そうか。**両方を上手に組み合わせることができれば、網羅的かつ自由奔放に発想ができるようになる**のですね！　一長一短がありますので、両者の良いところを生かせるといいですよね。

　それで、本題の「ひらめき」ですが、僕は「自由奔放に考える」中で生まれるものではないかと思います。
先生、いかがでしょうか。

　　　　　　なるほど、よくそこまで考えましたね。
　　　　　「考える力」についての整理のしかたも、的確だと思います。
　ヤマダさん、この一連の学習の中で、大きく成長しましたね。ものごとを上手に整理して考えることができるようになりました。私もとても嬉しいです。

　ただ、「ひらめき」に関しては、私は別の意見を持っています。
　ヤマダさんは「自由奔放に考える中にひらめきがある」と話していましたね。でも私は、**「ロジカルなひらめき」もある**と思っているんです。考えてみてください。ロジカルにフレームワーク（思考の枠組み）などにはめて発想することにも、センスが問われると思いませんか？

　　　　　　先生、確かにそうですね。
　　　　　　へんなフレームワークを使ってしまうと、せっかくの
　　　　　情報がその場で適切に整理できないですし、アイディアが広がることもありませんよね。

どんなフレームワークを選ぶかによって、その後の展開が変わりますよね。でも、それって本当にセンスが問われるように思います。
　つまり、**普段から適切なフレームワークを思い浮かぶ練習をしていないと、いざというときにうまく使えないんですよね。**

　　　ヤマダさん、そのとおりです。
　　　「どんなフレームワークを使えば適切か」について、
　　　その場で思い浮べることも、立派なひらめきです。
　また、フレームワークが適切であれば、その枠の中でアイディアも浮かびやすくなります。
　一般的に使われるフレームワークについては、**巻末（P230〜）に詳しい資料を載せておきましたので参照してください**。大切なことは、「**自分の業務や日常で使えるフレームワークを知っておくこと**」と「**既存のフレームワークにこだわらず、自分なりのフレームワークを見つけること**」です。フレームワークは「先人たちの知恵」ですから、既存のものを知っていることは大切です。しかし、その枠にはまってしまうこともあるのです。要は、フレームワークを自分のものとして消化しておくことが大切ですよね。

【ミニワーク】
①世の中にあるフレームワークから、自分の業務や職場で使えそうなものを探してみましょう。
②オリジナルのフレームワークが作れないかを考えてみましょう。
　（無理に作るわけではなく、自分の業務や職場での納得感のあるフレームワークは何かを考え、もしオリジナルで考えたほうが良ければ作ってみましょう）

【ワークの回答、実施して感じたこと】

　さて、「自由奔放にひらめきを出す」ために、日ごろから意識したいスタンスがあります。それは**「一日一驚(いっきょう)」**です。

　　「一日一驚」ですか。
　　初めて聞く言葉ですね。「一日一善」なら聞いたことがありますが……。
　でも意味は何となく分かる気がします。「一日一回は人を驚かせて刺激を与えよう！」ということですよね。

　　ヤマダさん、ちょっと違います。
　　人を驚かせることも刺激にはなりますが、それだけではないのです。まずは、自分自身が驚く体験をしよう、ということです。
「へ〜、知らなかった！」「なるほど！」「すごい！」「面白い！」「楽しい！」……といった、感嘆符が出るような体験を一日一回、**意識して作り出していこう**というものです。
　私たちは日々の生活をパターン化して暮らしています。
　毎朝同じ時間に目覚め、朝の自宅ですることもほぼ毎日一緒です。同じルートで駅に行き、同じ時間の電車の同じ車両に乗り、会社に

着いても同じメンバーと顔を合わせています。

　これでは、なかなか自分に刺激を与えることができません。気がつけばものの見方や考え方が固定化してしまうのです。

　いつもと違う道を歩いてみたり、他部門や他社の人と話をしてみたり、ちょっとしたことでよいのです。毎日何かを変えて刺激を作り出していくことに価値があるのです。

　そうですね……。**意識してパターンを変えなければ、生活自体が「マンネリ化」してしまう**んですね。
　だから「一日一驚」なんですね！

【ミニワーク】

　これから1週間、「一日一驚」をテーマにして過ごしてみましょう。
　ふだんのパターンとは違う何かを日々体験することで、どんな刺激があるでしょうか。

【ワークを実施して感じたこと】

3 「アイディアエクササイズノート」で知恵の化学反応を生み出そう！

　さてヤマダさん。前の単元で学んだ「ひらめき」を生み出す方法を日々実践して自分の本当の力にするために、どんなことが考えられますか？

　そうですね……。「とにかく頑張る」という考えは具体的でありませんよね。
　日々気がついたことを記録する……とか。

　なるほど。記録をすることは重要ですね。
　「頑張る」「努力する」という対策は、具体的ではありません。このような具体的ではない対策案には大きな問題があります。何をすればわからないので、結局何もしないで終わってしまったり、いわゆる三日坊主で「結局自分は何も続かないんだ」とセルフイメージを落としてしまうのです。
　これでは、逆効果ですよね。
　今回の学びの中では、ぜひ自信をもって日々の生活で成果を出していってほしいのです。
　そこで、こんなものを用意してみました。

セッション4

「ノウハウプラクティショナー」を目指してみよう！

| 年　　月　　日（　） | ■ この日の主なトピック（出来事・業務） |

Idea Exercise

■ 刺激を受けたこと

■ ひらめき・アイディア

■ アイディアミックス

Copyright by ToBeConsulting

※著者のサイトよりダウンロードしてお使いいただけます。
　http://www.to-be-consulting.jp/

Idea Exercise……アイディアエクササイズですか? 「アイディアを出す練習ノート」のようなイメージでしょうか。

ヤマダさん、そのとおりです。
　私はこれを**「アイディア・エクササイズ・ノート」**と呼んでいます。
　これは、先ほどの単元で学んだ「一日一驚」を実行し、ひらめき、**を生み出すことを習慣化するためのツール**です。
　使い方は、次のとおりです。

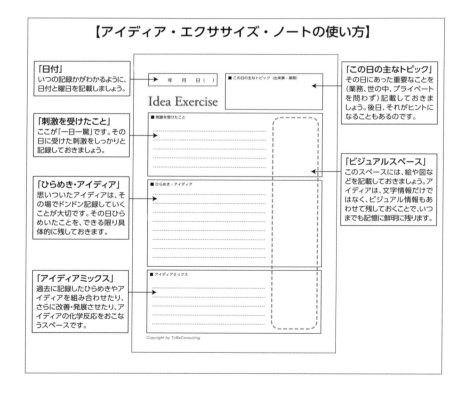

ちょっと面倒だとは思いますが、このフォーマットをコピーして使ってみましょう。もちろん、通常のノートを使って同じように書いていく方法でも結構ですよ。「アイディア・エクササイズ・ノート」はあくまでもツールにすぎませんので、**目的が満たせれば、ほかの手段でも構わない**わけです。

毎日自分が思いついたことや身の回りで起きたことを文章で記録していきます。そうすることで、情報が残っていき、それが後日化学反応を起こし始めます。

最初の頃は、まずはアイディアを記録する習慣を身につけるためにとりあえず書いていってほしいのです。でもこれは、**日が経つにつれて加速度的に面白くなっていきます。**「加速度的に成長する」という話をこのセッションの最初でお話ししましたが、このノートもまさに同じことです。

自分が思いついたアイディアに意識を向けて、それを記録したり、過去のアイディアをさらに広げたり……さまざまな効果的な習慣が身につくようになるのです。

アイディアをビジュアルで記録するというのが、面白そうですね。**絵や図で残したほうが、言葉だけで書くよりも鮮明に記憶に残りますものね。**

そうですね。
何よりも大切なことは、まずはやってみることです。
私の研修などで実践をしてもらっていますが、やってみると日々さまざまなことに意識が向かうようになり、自分の感性が磨かれていることに気づく人も多いようです。

このような感覚は、やった人にしかわかりません。

「行動した人だけが手にすることができる感覚」をぜひ体験してみましょう。この話は3-5の単元（P128）でもお話ししましたね。

「条件反射的な習慣」が身につくのには、3週間が必要であることはすでにお伝えしました。ですから、まずは1か月ぐらい意識して続けてみましょう。「あ、ノートに書こう！」となったら、しめたものですね。

【ミニワーク】
『アイディア・エクササイズ・ノート』をまず1か月間、実行してみましょう。

【ワークを実施して感じたこと】

4 「本質」を的確につかむトレーニングとは？

先生、ここまでのセッションで、「本質をつかむ」ことの重要性について触れられていますよね。僕はまだ上手に本質をつかむことができないときがあるんです。

ヤマダさん、そうですか。
例えば、どのような時に「本質をつかめていない」と感じるんでしょうか？

はい。会議などで、ほかの人が話している内容をつかみきれなかったり、議論の流れについていけなかったりするんです。そんな時、自分はまだまだダメだな〜と思います。

ヤマダさん、セッション2でやりましたね。
本質がうまくつかめないからと言って、ヤマダさんはダメな人ではないですよ！

あぁ、そうでした。でも、本質をつかめていない感じがするときって、自信がなくなっちゃうんですよね。
あっ、逆に言えば、本質を上手につかめるとコミュニケーションに自信がつくというか……。

ヤマダさん、いいところに気がつきましたね。
本質をつかむ力は、コミュニケーションにおける「信頼」とつながっています。

しっかりと本質をつかむことができる人は、ビジネスパーソンとしての信頼性も高くなります。
なぜなら、相手の要望を的確につかんで、ずれた対応をしない人と仕事ができれば、トラブルや時間のロスも少ないからです。

では、どうしたらよいのでしょうか。
まずは、簡単な例を用意しました。考えてみましょう。

【ミニケース】あなたなら、どう返す？

　あなたは東京都内に勤務する会社員です。
　休日明けの朝、職場で仲の良い同僚と話をしていると、同僚からこんな話題が出てきました。
「昨日、公開中のブラック・ピンク（人気俳優）主演の『スターの冒険』っていう映画を銀座で観たんだけど、凄く面白かったよ。」さて、あなたならこの言葉にどのような言葉を返しますか？
　以下の3つからもっとも近いものを選んでください。
①ブラック・ピンクか～。人気があるね。
　僕は『ファイブクラブ』が好きだな。
②銀座か～。すごく混んでたんじゃないの？
③面白かったんだ。僕も観てみたいから、ネタバレにならない程度に教えてよ。

ふだんの僕だったら、①で返していますね。
　まずは会話で気になった言葉をピックアップして、それを自分の体験に当てはめて返します。
このパターンで会話をしている人って多いですよね。

なるほど。ではヤマダさん、この会話の「本質」って何でしょうか。
　すべての会話には、「意図」が存在します。お互いが、何らかの意図をもって会話をしているんです。
　では、同僚がその話をした意図は何でしょうか。
　単に「映画を観たという事実」を共有化したかったのでしょうか。

「会話の意図」ですか。そんなこと、考えたこともなかったですね。
　きっとこの同僚は、「映画を観たら面白かった。そのことを僕と共有したかった」のだと思います。
　そうだとすれば、③ですよね。
　いま、思いだしたんですが、僕が彼女と話をしているとよく叱られるんです。「あなたはちっともわかっていない！」って。これって、もしかしたら**会話の意図を無視して、自分のことを話していた**からなのかもしれませんね。

ヤマダさん、素晴らしい気付きですね。
　もしかしたら、これからヤマダさんの会話の質が変わるかもしれませんね。
　人は、大きい「もののとらえ方」をするよりも、小さな物事に目を向けることのほうが得意です。
　そうすると、本質が見えなくなってしまうのです。

先ほどのミニケースは簡単なわかりやすい例ですが、会話におい
て「ブラック・ピンク」や「銀座」という目立つ言葉に引っかかっ
てしまうと、本当に相手が話したいことをつかみそこなってしまう
のです。そのような言葉のつかみ方では、本当に深い会話はできま
せん。でも、同じことが現実の会話でも起きているのではないかと
思います。

「この人は"本当は"何を伝えようとしているのだろう」ととらえ
ることが、会話で本質をつかむためには重要です。
　これは何も話をした言葉だけではありませんね。相手の表情や口
調、雰囲気などから本当に伝えたいことを感じ取ることが必要なの
です。
　たとえば、お客様が言葉で「なるほど」や「そうですね」と言い
ながら、首をかしげながら腕組みをしている状況だとしましょう。
口調もゆっくりと間がありながら、クールな低めの声です。これで
は、本当にわかっていないでしょうし、心からいいと思っていない
ですよね。

　さて、冒頭のヤマダさんの話では、うまくいっていないことは2
つありました。一つ目は「会議などで、ほかの人が話している内容
をつかみきれない」ということでしたよね。
　確かに、要領を得ない話し方をする人も多くいます。
　そのようなときに役に立つのが、**その人が「話していること」で**
はなく、「本当に言おうとしていること」をつかむことなのです。こ
れは練習をすることで上手になりますよ。ミニワークを用意しまし
たので、さっそくこれから実行してみましょう。必ず上達しますよ。

【ミニワーク】

これから1週間、あなたが出会う人たちとの会話について、
① 「その人が本当に伝えたいこと」に意識を向けて掴むようにしましょう。
② 「本当に伝えたいこと」をふまえて会話を返しましょう。

【ワークを実施して感じたこと】

　ヤマダさんがうまくいっていないと話していた2つめは「会議などで議論の流れについていけない」ことですね。
　集団の会話は、話している内容が次々に流れていってしまいます。
　会話の流れがつかめないと、発言をすることもできず、会議が単なる無駄な時間になってしまいます。

そうなんです！
　会話の流れについていけないと、会議に出席している意味も見失ってしまって、会議が苦痛になるんです。

　「会議が苦痛だ」と感じている人も、会話の流れがわかってくると、出席する意欲が出ますよね。**会話やディスカッションの流れをつかむには、常にテーマとストーリーを意識する**とよいと思います。
　会議の場合は、事前に議題（テーマ）が決まっています。そのテーマに対して、どのような意見がどのような流れで出されているのかを意識するのです。

　そこで、面白いワークをやってみましょう。
　職場の会議を「架空中継」するのです。**自分がアナウンサーになったつもりで、頭の中だけで会議を中継してみてください。**
　その際、①常にテーマを意識する　②各自の発言の要旨を要約することを意識しておこないましょう。
　たとえば……「さあ、今日も始まりました『△△会議』、司会は○○課長です。テーマは◇◇の改善について考えることです。現在、課長から会議の趣旨について説明がなされています。今日は自由奔放に意見を出してほしいというオファーがメンバーに対してありました。（中略）まずは××主任がさっそく発言しました。テーマである改善を行うことに反対の立場です。理由は新しい活動で現場の負担を増やしたくないということです。あっとここで、◎◎君がすかさず発言しています。趣旨は忙しいからこそ改善が必要だというものです。課長もこれには大きくうなづきました……」

　もちろん、会議にはしっかりと参加していただきたいのですが、

このようにゲーム感覚で会議の意見の移り変わりを流れや趣旨をふまえてとらえることは、議論を見極めていくための大きな力になることでしょう。

　会議に参加しながらその場で架空中継をすることがどうしても難しい（苦手だと思う）人は、会議をICレコーダーなどで記録させてもらい、それを通勤の電車などで聞きながら、架空中継をやってみてください。臨場感は落ちますが、良い練習になりますよ。

【ミニワーク】
　あなたの職場の会議を上記の要領で、こっそり「架空中継」してみましょう。

【ワークを実施して感じたこと】

　これ、とても面白いですね！
　会議中に笑い出してしまいそうですけど、楽しく参加しながら、力をつけることができる方法だと思います。
　時に、流れを無視した発言が出てくるところを客観的にとらえることができることも面白いですね。

僕は職場のミニグループでの会議進行を任されることも多いので、まずは自分の進行を録音して、改めて振り返ってみようと思います。会議が楽しみになってきました！

　　　　　そうです。流れを意識してみていれば、本質的な発言ができている人か、流れに沿って発言できる人か、思いつきで発言するだけの人かが、はっきりと分かるようになりますよ。
　このワークの目的は「各自の発言の要旨をつかむこと」と「会議の流れをつかむこと」ですので、目的が果たせれば別の方法を工夫しても、もちろん構いません。必ずしもこのワーク通りにやらなければならないわけではありませんよ。

　この要領がわかれば、**研修や講習などの場に参加するときにも、使うことができます**。講師がプロでない場合、話が要領を得ない場合も多々あります。講師が何を言おうとしているのかを常につかむようにすることで、学びが深まります。グループ討議などの場でも、常に何について話されているのかを意識して過ごしてみましょう。せっかくの学びの場です。受け身で参加するのはもったいないことです。ぜひ楽しみながら参加してみましょう。

　本質をつかむためにはもうひとつ、「何が解決すればよいのか」をつかむことも重要ですね。
　これはすでにセッション2の「再発防止対策」のあたりでお話ししていることですが、その場の表面的な問題解決ではなく、根本的に何を解決しなければならないのかをとらえることです。

5 成長する人生に、「ヒマつぶし」など存在しない。

　「考える力」を身につけていくには、時間が必要です。
　この単元では、時間について扱ってみましょう。
　よくタイムマネジメントのノウハウで**「こまぎれの時間を活用する」**というものがあります。これはとても重要な考え方だと思います。
　まとまった時間ができるまで待つ……そのような状況が可能な人であればよいでしょうが、日々忙しい私たちにはそんな時間はなかなか作れません。ですから、**「時間ができたら取り組もう！」というう発想は現実的ではありません。**
　「時間があったらやろう」という考え方は、多くの場合、幻想に終わります。でも本当に忙しい人は知っています。**時間は「空くのを待つもの」ではなく、「作るもの」**なのです。
　上手に時間を作り出していくためにも、先ほどの「こま切れの時間」を活用する必要があるのですが、そのためには、一つとても重要なことがあります。
　さてヤマダさん、それは何でしょうか？

え〜と……。さっぱりわかりません。
とは言え、このままでは思考停止なので、考えますね。う〜ん、「自分のこま切れの時間」を集めると、一日のうちにどれくらいの量になるかを把握しておくことが重要ではないでしょうか。意外と多いように感じますが……。

確かにそれも重要ですね。
人によって個人差があると思いますが、**こま切れの時間を集めると、意外と多くの時間になる**ものです。
だからこそ、上手に活用したいですよね。
では質問を変えましょう。
ヤマダさん、あなたは急きょ1か月後に会社のニューヨーク支社に異動することになったとします。でもあなたは英語がさっぱりダメです。さぁ、赴任までの1か月間、ヤマダさんなら何をしますか？ 具体的に、あれこれ想像してみてください。

そうですね……。関係者への挨拶や部屋探しや荷造りなど、異動のためのさまざまな準備はしなければなりませんが、それと並行して、少しでも英会話ができるようにしなければなりませんよね。
空いた時間を見つけては、英語の教材を聞いたり、時間を作って英会話教室に通ったり、スーツにはポケット英会話の本などを忍ばせておくかもしれませんね。あわただしく1ヶ月は過ぎていくでしょうから、ちょっとでも空いた時間に勉強できるようにすると思います。……あっ！
そうだ、これが先ほどの質問の答えですね！「こま切れの時間」をうまく使うためには、**日ごろから「時間があるときにはこれをしよう」と決めておかなければならない**んですね。

何だろう、一言でいうと……。そう、**「目的意識」が大切**なのではないかと思います！

ヤマダさん、そのとおりです。
こま切れの時間はいつやってくるかわかりません。
作業がちょっと空いた瞬間とか、お客様との面談が予想よりも早く終わった時とか、ちょっとした電車の待ち時間とか、急にやってくるものです。
そんなとき、**日ごろから時間が空いた時に何をするのかがわかっていなかったら、有効に使えません**よね。
つまり、**目的意識こそが時間を使う上で重要**なのです。
ということは、**目的意識のない人は、時間が上手に使えない**ということです。

確かにそのとおりですね。よく「ヒマだよ」という人がいますよね。
僕の周りにも多いです。でもそれは、**目的意識を持って生きていない証拠**だということなんですね。

ヤマダさん、そうですね。**もしくは、目的意識をある程度は持っていても、それに対する真剣さが足りない**（それを手に入れたいということを本気で望んでいない＝コミットしていない）**状態**だと言えるでしょう。
目的意識が明確で本気であれば、「ヒマであること」が優先されてしまうことはないですから。
いずれにしても、日々の生活にしろ人生にしろ、その人が目的意識とそれに対する決意を明確に持って過ごしているかどうかは、その人の行動を見ればわかります。

そうですね。たとえば、街中で歩いている人を見ていてもわかりますものね。

何となく歩いている人と、短期かもしれませんが目的意識を持っている人の歩き方は、全く違いますよね。

目的意識は、行動に出るということですね。

誤解しないでほしいのですが、せかせかと歩くことが素晴らしいと言っているのではないのですよ。それはこの話の本質ではありません。

のんびり歩いている人は、「ゆっくりと焦らずに時間を過ごすこと」に目的意識を持っているのかもしれませんし、何も考えていないのかもしれません。

重要視しているものはそれぞれ違っても、根底に目的意識があることが大切だという話をしているのです。目的意識を持っているかの差は、時間が限られた人生において非常に重要だと思います。

そうですね。このセッションのスタートで0.1％の成長の話がありましたが、目的意識の差は、とてつもなく大きな差になっていくのでしょうね……。

電車の中でスマホのゲームに興じている人をよく見かけますが、明確な目的意識をもって取り組んでいるんでしょうかね。

ゲームだけではないですよね。スマホが単なる「ヒマつぶし」の道具になっているような気すらします。

なんか急に、**「アリとキリギリス」の物語**を思い出しました。

その日暮らしで、その時その時の快楽を求めて生きていたキリギリスは、冬になってからまじめにコツコツと働いていたアリに泣きつくことになりますよね。日々コツコツと勤勉に目的意識を持って過ごすことがいかに大事かを学びました。僕もさっそくこま切れの

時間をどう使うか、整理してみます。

> 【ミニワーク】
> あなたは、目的意識を持って日々を過ごしていますか？
> 明確に書き出してみましょう
> ①あなたが「絶対に達成したい」「ぜひ身につけたい・勉強したいと思っていること」は何ですか？
> ②そのために日々の時間で何に取り組めばよいのでしょうか？

【ワークの回答、実施して感じたこと】

セッション4 「ノウハウプラクティショナー」を目指してみよう！

「ノウハウプラクティショナー」を目指してみよう！

セッション4のまとめ

1. ノウハウを「知識」としてため込む「ノウハウコレクター」から、「実践」を目的とした「ノウハウプラクティショナー」を目指していこう。

2. 学習していると、さまざまな言葉（用語）が登場する。しかし「難しい言葉だから」「外国語だから」であきらめてしまうのではなく、自分なりにわかりやすい言葉に置き換えて学ぶことも重要だ。

3. 日々の成長意欲を継続することが大切である。
   毎日0.1％の成長を心がけていると、1年間で今の自分よりも44％成長できる。これを10年間続けると、今の自分の38倍になる。日々成長を心がけていると、結果として成長がドンドン加速していくことになる。

4. 人は批判をしているうちは何も行動しない。行動せずに意見だけを言っていても成長がないのだ。

5. 過去は変えられない。大切なことは、「それで、今から何をするか」だ。

6. 「考える力」には、2つある。
「論理的に考える力」と「自由奔放に考える力」。
前者は論理的に考えをまとめていく力で、結果としてさまざまなアイディアを網羅的に生むことができる。後者は枠を取り去って考えることで、斬新なアイディアがどんどん生まれるようになる。両者の特徴をうまく生かしてひらめきを出したいものだ。

7. 普段から適切なフレームワークを思い浮かぶ練習をしておこう。そのために、フレームワークを日々の活動に落とし込んでおく作業が大切である。

8. 「一日一驚」を心がけることで、マンネリの生活から解放される。そのためにも、パターン化した生活から意識して脱出し、「感嘆符が出るような体験」を一日一回、意識して作り出していこう。

9. 具体的でない対策の弊害は、行動に結びつかないことだけでなく、自分のセルフイメージを落としてしまうことである。

10. 日々の一日一驚を実行するために、「アイディア・エクササイズ・ノート」を実践しよう。ただしこれはあくまでツールであり、目的が満たせればほかの手段で実行しても構わない。

11. アイディアを絵や図などのビジュアル情報で記録してみよう。言葉だけで書くよりも鮮明に記憶に残りやすい。

12. 本質をしっかりつかめると、ビジネスパーソンとしての信頼性も高くなる。

13. 人は小さな物事に目を向けることが得意だ。そうすると大局でとらえられなくなってしまい、本質がつかみづらくなってしまう。

14. すべての会話には「意図」が存在している。それをいかにつかむかが重要である。「この人は"本当は"何を伝えようとしているのだろう」ととらえるようにしよう。

15. 職場の会議を「架空中継」してみよう。常にテーマを意識して、各自の発言の要旨を要約するようにすれば、流れをつかむ力がついてくる。

16. 「時間ができたら取り組もう！」という発想は現実的ではない。時間は「空くのを待つもの」ではなく、「作るもの」である。「こま切れの時間」を有効に使うためには、「目的意識」を明確に持つことが重要である。目的意識がなければ、日々を何となく過ごしてしまう。

17. 目的意識は持っていても、それに対する真剣さ（絶対に手に入れたいという決意）が足りずに時間を無駄にする人もいる。

セッション5

「考える力」は自分だけのもの？
〜あなたも周囲も「考える人」に！

1 「考える仲間」がいれば、さらにあなたは磨かれる。

「考える力」を身につけていくためには、継続が大切ですよね。このテーマは重要なので、セッション1からすでに「習慣化」ということでお話ししてきました。

そのためにも、あなたを刺激し、ともに進んでくれる仲間がいると心強いですよね。**一緒にロジカルに考えてみたり、自由奔放にアイディアを出し合ったり、思考停止になっていないかを確認し合ったりできる仲間の存在は、あなたにとってかけがえのない宝物となる**ことでしょう。では、「考える仲間」は、どのようにして増やしていけばいいでしょうか。

そんなの簡単ですよ！ 先生の講義を聞いてもらえばいいんですよ。それか、この本をプレゼントするか……。

要は、「考える力の重要性」を先生に教えてもらえばいいんです！

それか、考える力の重要性に気づいた人が周りを教育してあげればいいと思いますよ。まさに先生が僕にやってくれたように……。

ヤマダさん、それはそのとおりですが、直接私の講義にふれるチャンスもそう多くはありませんよね。
　　　　　そう考えると、本は良い方法の一つだと思います。
　いつでもどこでも効果的に「考える力の重要性」について学ぶことができますものね。
　それと、各自が周りに教えてあげることについては、とても良いことだと思いますが、その際にとても重要なポイントがあります。ヤマダさん、わかりますか？

　　　　　学んだことを、忠実にそのまんま伝えることだと思います！　ホームページでもなんでも、各自が勝手に自分の好きなようにアレンジして書くことで、信頼性の薄い内容になっていたじゃないですか。

　　　　　なるほど。そう言いたくなる気持ちもわかりますね。世の中には、ブログや情報発信に限らず「本質をとらえないで情報発信している人」が多いですからね。でも、**情報や学んだことの本質がわかっていれば、多少自分なりにアレンジしても効果が薄れることはありません。本質をつかまずに、表面的に言葉（用語）に飛びついたり、都合のよい部分だけを引用したり、本質を中途半端に浅くとらえて勘違いしてしまうからおかしくなる**のですよ。世の中には、言葉じりだけをとらえて、浅い考えを発信する人たちが本当に多いと思います。
「ニセモノの情報を見抜く感性」を各自が持つべきだと思います。これは重要な話なので、もう少し後の単元で扱いましょう。

　さて、私がヤマダさんに質問を通して伝えたかったことに関して、もうひとつ質問をしましょうか。

次の3つの中で、ヤマダさんがもっとも「行動をする気」になるのは、どれでしょうか？
①人から「これをやりなさい！」と押しつけられる。
②人から「これいいよ〜。ぜひどうかな？」と強く勧められる。
③自分自身で「これをやってみたい！」と実感する。

　　　　　先生、簡単すぎですよ〜！
　　　　　③に決まっているじゃないですか。やっぱり**自分自身で実感したことは、強いモチベーションにつながりますし、その後の行動にもつながる**気がします。
　その次は②ですかね。でも、**自分が本当に「いい」と感じていないと、結局長続きしないでしょうし、勧めてくれた人との人間関係もギクシャクする**かもしれません。
　①は論外ですね。**すごくいいことだったとしても、感情が先に立ってしまって、その良さにすら気づけなくなる**かもしれませんね。
　あっ、これはきっと、前にやった「メンタルストッパー」の何かなんでしょうね。

　　　　　ヤマダさん、うまくまとめてくれましたね。
　　　　　そうです、③のみが強い自発的なやる気をひきだせますよね。①と②は、やってみた後で自発的になるかもしれませんが、その逆も大いにあり得るのです。
　さて、こうやって整理すると③が一番だとわかりますが、**現実の世界では、①と②が横行していませんか？**

　　　　　あ！　確かにそうですよね。
　　　　　人は、相手のためになると思って「これをやりなさい」とか「これ、いいよ〜」と言いますが、それよりもさら

に効果的な方法は、「本人に気づかせる」ことだということですね！

これは、「学び」についても同じことです。
人は、他人から言われて学ぶより、自分で気がついたほうがはるかに行動する力につながります。他人から答えを与えられてしまうと、それは自分の気づきではなくて、所詮は「他人の答え」になってしまいます。
「自分で気付くこと」は、とても重要なのです。
ですから、**自分の周りを「考える人」の集まりにすることは大切ですが、押し付けは避けたほうがいいのです。本人が気付くようにしていく必要があります。**この本の授業は、そのための役に立つと思いますので、大いに使ってくださいね。

さて、ここでもう少し基本的なことについて考えてみましょう。
あなたの「周りの人」とは、具体的に誰でしょうか？
誰の「考える力」がさらにパワーアップすれば、あなた自身によい影響があるのでしょうか。そして、その人と今後、どのような関係を気づいていきたいですか？

僕は、これまでのセッションを通して、職場のチームを「考える集団」にしたいと強く思うようになりました。もしそれが実現できたら、素晴らしいですよね。
あとは、自分の大切な人とも価値観が合うといいな〜と思います。

そうですね。**身近な人や身近な職場のチームが、お互いを高め合える存在だと素晴らしい**ですよね。
では、そのためのワークをやってみましょう。
3つの質問に答えてみてくださいね。

【ミニワーク】

あなたが作りたい「考える人間関係」について考えてみましょう。

① 「考える力」を学んでお互いに高め合いたい「人」や「集団」は、具体的に誰ですか？ 仕事やプライベートを問わず、具体的にリスト化しましょう。

② いまリストアップした人と作っていきたい関係は、どのようなものですか？ 具体的に描いてみましょう。

③ そのために、あなたに今できることは何ですか？

【ワークの回答、実施して感じたこと】

2 「考えるチーム」を作るために、自分でできることは？

　先生、職場のチームを「考える集団」に変えるために、僕に何ができるかを考えているのですが、なかなか良いアイディアが浮かびません。
　先生に「どうしたらよいでしょうか」と聞くのは簡単ですが、それでは考えていないですよね……。あっ、そうか。答えを聞くのではなく、まずはお互いに考えを言い合って、それを深めていくことは価値がありそうですね。

　ヤマダさん、そのとおりです。話をすることには価値があることを今までのセッションでもお話ししてきましたよね。
まずは答えをほしがることからやめてみましょう。
　ではそのために、私たちには何ができるでしょうか？

　はい。自分の場合は、まずは自分で考えてみることが大切だと思います。とは言え、自分の考えが浅かったり、的を外したものであることも多いですよね。でも、そんなことを気にしないことが大切だと思います。

179

これまでの個人授業では、先生が僕の意見をなんでも聞いてくれる雰囲気だったから、言うことができたのですが……。あっ、そうか！　ピント外れな意見でも、とにかく聞いてあげる姿勢が、相手の「考える力」を育むんですね。

　　　　　そうです、ヤマダさん！　もうすっかり、話しながら自分で答えを探せるようになりましたね。それこそが、話をすることのパワーなんです。
　的外れであったとしても、とにかく口に出してみることで、先に進むことができるのです。でも、これはもちろん、聞く側の姿勢も問われるわけです。

　これまで私がヤマダさんに対してどのように接してきたか、わかりますか？　大きく分けて5つのことに整理できます。

①相手の発言を決して否定せず、まずは受け止める。自分と意見が違っても、一度しっかりと受け止める。
　例：「なるほど。そういう考え方もありますね」
②良い発言はしっかりと認める。また、成長を感じたときも、きちんとそのことを伝える。
　例：「ヤマダさん、○○ができるようになりましたね」
③相手が学んだ内容を実践できていないときは、そのことをフィードバックする。
　例：「いま、思考停止に陥っていませんか？」
④そのうえで、さらに考えてもらう質問をする。
　例：「では、別の質問で考えてみましょうか」
⑤相手の話をまとめることで、価値を強化する。

> 例：「つまり、○○が大切だということですね」

　この5つの対応がすべてというわけではありませんが、基本的には一貫してこのようにヤマダさんと対話をしてきたのですよ。

　そうか……。つまり、先生が僕を育ててくれたように、同じように後輩にも接してあげられればいいのですね。**「受け止める」「認める」「フィードバックする」「質問する」「まとめる」**……人を育成しようとするときに、とっても役立つ対応方法ですね。

　この考え方は、個人の育成だけでなく、チームの育成でも役立ちます。そしてさまざまな場面……たとえば、**子育てや学校の先生の対応でも使えます**。企業の組織においては、マネージャー（やリーダー）が部下に接する際に使えるのはもちろんですが、会議などの発言でも同じように接することができれば、チームは「考える集団」になっていくのです。マネージャー（やリーダー）は影響力のある存在ですから、このクラスの意識ひとつで、チームの実力が大きく変わってしまいます。

　先ほどのセッションの時に考えた、「考える力を学んでお互いに高め合いたい人」の筆頭に、自分の上司を挙げるべきでした！　それくらい、重要な存在なのですね。

　ヤマダさん、そのとおりです。ヤマダさん自身も職場でリーダー的な存在になりつつありますよね。どんなリーダーになっていきたいか、見えてきたのではないですか？

はい！　もちろん！！
先生、今感じていることを言ってもいいですか？
「考える力」を学ぶことって、最初はスキル（能力）を身につけるぐらいにしか考えていなかったんですが、実はとっても深いですよね。**まさに人間的な「自分のありかた」を問われている**ような気がするんです。

あっ、これがセッション2の最後に先生が言っていたことですね。**「考える力」を日々まじめに磨いていくことは、実は人間力のトレーニングにもなる**……そんな話でした。先生、ここまでの学びって、めちゃくちゃ深いですね！！

セッションを重ねるごとに、学びが強化されていく気がします。

ヤマダさん、ありがとうございます！
私も一緒に学べて、とても嬉しいです。
そう、**部下が育つことで、マネージャー自身も大きく成長できる**のですよ。育つのは、部下だけではないんです。ヤマダさんの反応や発言から、私も気付きを得て、学ぶことが多かったんです。ですから、私自身も大きく成長できているのです。

さて、もうひとつ興味深い話をしたいと思います。
職場やマネージャーを動かすために、自分から行動することって大切ですよね。その一例をご紹介します。
私はこのところ、あるメーカーの工場で、何か月にもわたるアクションラーニングに携わっているのですが、その初期に受講者へ「思考停止の言葉」を10個ピックアップして伝えたのです。すると、**思考停止になっていることの重要性を実感した受講者のみなさんたちが自発的に、この言葉を職場で共有化しようと行動し始めました。**
職場やデスクに貼ったりして、お互いに思考停止にならないように

戒めるための行動のなかで、ある人が、10個の言葉をカード化したのです。そしてそれをパウチ化する人が出始め……。

　このパウチカードはとても人気が出て、職場でほしがる人が続出したそうです。私も、一枚もらいました。

　もちろん、職場のマネージャークラスも「思考停止の言葉」を知っています。まさに、共通言語になっているのです。

　カードの裏側には、区別化の考え方など、このような言葉が出た時にどうしたらよいかが記載されています。

　私は、このようなことを「自発的に」行動して広めていった事実が素晴らしいと思うのです。

　素晴らしい職場のチームを作ろうと思ったときに、自分からできることはたくさんあるという好例です。

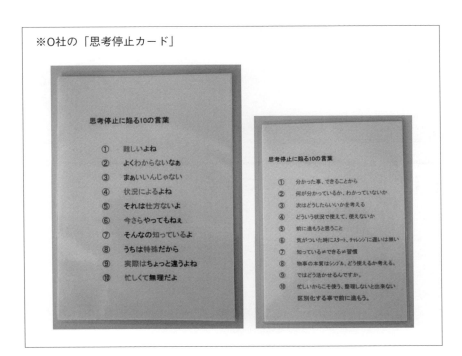

※O社の「思考停止カード」

このカード、僕もほしいです……いや、僕も自分なりに作ってみます！
　このアイディアって、いろいろと応用できますよね。
　自分が特に意識したいことや伝えたいことをカード化することで、日々の意識も変わってきますよね。
　あっ！　これも「習慣化」の手段の一つ、というわけですね！

ヤマダさん、そのとおりです！
とても鋭い気付きです。
　こうやって、**カードにするなどの「見える化」をすることは、日々意識して行動するための有効な方法です。だからこそ、「習慣化」が近くなる**のです。

【ミニワーク】
　あなたのチームが「考えるチーム」になるうえで、あなたにできることは何でしょうか？　具体的にリストアップしましょう。

【ワークの回答、実施して感じたこと】

3 「考えるチーム」を阻害する風土とは

　自分自身が職場でさらに成長するためにも、「考えるチーム」を作ることは重要だと、とてもよくわかります。でも、道が遠いとも感じています。
　これは思考停止の考え方でいう「難しい。……でも、必ず道がある！」ということで、進むしかないと思うのです。
　そこで、一つ有効だと思ったのが、上司を巻き込むことです。
自分一人でがんばるより、影響力の大きな人を味方につけることで、百人力になりますものね。上司に協力してもらって、一緒に「考えるチーム」を作っていければ、**私と上司の双方に価値がある**と思うんです。

　ヤマダさん、そうですね。上司を巻き込むことは、とても大切なことです。なぜ大切かというと、**日ごろの上司の言動は、職場風土に直結している**からです。「考えるチーム」を作り上げるときに、この「風土」の問題はとても重要です。
　日ごろの職場風土は、チームの考える力に大きな影響を及ぼします。そこで「考えるチームを妨げる」……つまり**職場として「思考停**

止を生みやすい状況」をまとめてみました。

　自分の職場はどうなのかを考えながらチェックしてみましょう。

【思考停止になりやすい10の職場風土】

1. コンフリクト（意見の衝突）を好まない　＿＿＿＿＿
2. 特定の個人をちやほやする　＿＿＿＿＿
3. すべて「個人の自由」として片づける　＿＿＿＿＿
4. 「チャレンジ＝余計な仕事」になっている　＿＿＿＿＿
5. 「アンタッチャブル」な領域がある　＿＿＿＿＿
6. 「人と違う」ことが否定される　＿＿＿＿＿
7. 忙しさがすべてに優先している　＿＿＿＿＿
8. 一人のカリスマが引っ張っている　＿＿＿＿＿
9. 大きな成功例がある　＿＿＿＿＿
10. 失敗が許されない　＿＿＿＿＿

　僕の職場でも、いくつか当てはまりますね。

　僕の事業部にはカリスマ的なベテランがいて、「あの人の言うことなら大丈夫だ」と周囲が信じ切ってしまうことを、以前お話ししたことがありますよね。これって8ですよね。まぁ、うちの社長も「カリスマ社長」として、よくメディアに登場していますので、会社としても同じかもしれません。

　そうなんですね。以前、「思考停止の言葉集」をご紹介しましたが、これはその組織風土編です。

　「思考停止」を生みやすい組織風土について、整理してみたものです。**会社だけでなく、自治体、学校、地域サークル、政**

党など、さまざまな組織に当てはまるのではないかと思います。

では、それぞれを簡単に紹介していきましょう。

□1は、いわゆる「事なかれ主義」になっている状態です。

ものごとの衝突を好まず、穏便に済ませておこうと、その場しのぎの対応をすることです。ものごとの本質を扱わないため、思考停止に陥っていきます。

これには「コンフリクト（意見の衝突）とは悪いものだ」という考えが根底にあります。でも、意見や考えの違いは必ずしも悪いことではありません。違う意見には、自分にはない視点が含まれています。そこから学ぶこともできるはずなのに、避けてしまうのです。これは重要なことですから、また扱っていきましょう。

この状態に陥っている組織の影響力が大きい場合、周囲に大きなマイナスの影響を及ぼします。たとえば政党やマスコミは、思考停止になってはいないでしょうか？

□2と□8は、権威のある人や財をなした人、発言力がある人に対して本質的なものを言えなくなる状態です。**特定の個人が言うことが正しくなってしまい、それがすべてになってしまうと、間違った方向にも行きやすいのです。また、メンバーも考えることをしなくなるため、非常に危険**です。

□3は、「そんなの関係ないよ」「それは個人の自由だから」と**他者のことに意識がいかなくなっている状態**です。チームでこの発言が出始めると、チームのベクトルがバラバラになっていきやすいのです。

もちろん、各自が「自由」にすべきところもありますが、「自由」の本質的な意味を取り違えてしまう人が出やすくなります。

4があたり前になってしまうと、自発的に仕事や提案をする人がいなくなります。与えられたことだけを黙々とする……。あとは衰退が待っています。これは7にもつながることですね。

5は、組織がしがらみにはまっていたり、本質的な議論ができない風土になっている状態です。

アンタッチャブルなものについて発言するのは勇気がいります。自分自身の立場が危うくなることを考えると、思考停止を装っていたほうが良いと思ってしまうのです。

6は、子どものころから起こりがちな状況です。

人は、自分とは違うものについて受け入れることができず、「うざい」「キモい」などの言葉で片づけてしまう傾向がみられます。結果としていじめを生み、狭い世界の中だけで生きる人間を生んでしまうのです。

自分の世界と違う人間には、自分にはない良さがあるにもかかわらず、それを見ようとしないのです。これはまさに思考停止です。

あなたのお子さんは、どうですか？

でも、これは親の姿勢にも問題があります。

他人を悪く言うようなうわさ話や、自分たちの狭い世界の価値観だけで子どもに話をしていませんか？　その姿を子供たちは見ています。親が思考停止になっていると、その子どもも思考停止になっていきます。

7です。「忙しい」とは「心を亡くす」と書くということは有名ですが、まさにそのとおりです。忙しい状態に追われてしまっていると、人は考えなくなってしまうのです。自動的に黙々と今のタスクをこなすことが目的となりがちです。

また、せっかくメンバーに良いアイディアがあっても「こんなことを言うと、自分の仕事が増えるから止めておこう」といった考えになりやすくなります。

⑨は過去の成功体験にとらわれてしまって、**現状に安住してしまったり、過去の成功パターンと同じものを求めようとしている状態**です。今までとは違う発想が出にくくなってしまいます。また、新しいチャレンジにはリスクがありますから、リスクを冒してまで今までの成功パターンを変えることができなくなってしまうのです。

⑩の職場も多いと思います。コンプライアンスの問題もあり、失敗が許されなかったり、失敗を受け入れる経済的精神的余裕がなくなっている組織も多いようです。
でも、**失敗が許されない職場は、極端な安全運転が求められるため、現状維持が基本になってしまいます。結果として、だれも何も考えず、黙々と目の前のタスクをこなすことになりがち**です。

このような10の状況になることが、必ずしも思考停止につながるわけではありません。でも、多くの思考停止の組織には、大なり小なりこれらの状況が風土として根付いてしまっているのではないでしょうか。

これらのリストは、自分たちをふりかえって、チームとしてさらなる成長を目指すために使ってくださいね。**単に現状の自分の組織の批判として使うだけで、それ以上進まなければ、何の意味もありません。**それでは、「飲みながら愚痴を言っているだけ」の状態と全く変わりませんよ。

先生、そうですね。
僕も、「あ〜あ、うちの会社、ダメだな〜！」って、ただ批判を言うだけになりかけていました。

批判をこそこそ言っているだけでは、何も変わりませんものね！
このような状況の中で僕ができることは、提案や提言、そして味方づくりだと思いますので、さっそく行動をしていきます。

【ミニワーク】

P172のリストを見て、あなたの所属する組織について考えてみましょう。
①あなたの組織は、どのような状況ですか？
あてはまると思うものの下線部に〇印をつけてください。
②またその状況に対して、あなたには何ができるでしょうか？

【ワークの回答、実施して感じたこと】

4 「ネガティブな考え」は、本当にいけないのかな？

　先生、聞いてくださいよ。
　僕の周りには、極めてネガティブな考え方をする人がいるんです。「そんなの無理！」「やる意味ないでしょ」「めんどくさい」などと、会話中にネガティブな言葉が次々に出てきます。
　僕が「ネガティブ発想では思考停止してしまう」ことを指摘すると、「自分は今までネガティブ発想で生きてきたし、それでうまくいっている。変える必要なんかないよ！」と返されてしまうんです。
　最近僕は、ポジティブに生きようとしていて、「ネガティブな人」や「思考停止の人」とは考えが合わなくなってきているんですが、だからこそ、みんなが「前向きに考えられるチーム」を作りたいと思っています。でもそうすると、衝突してしまうんですよね。
　あっ、だからと言って、思考停止やネガティブ発想の人とは付き合わないわけではないですよ。付き合わないわけにもいかないですし。でも、自分の考えと大きく違うので、一緒にいると違和感があってストレスがたまるんです。
　先生、僕の気持ちわかってくれますか？

なるほど、よくわかりますよ。ネガティブな発想の人と考えが合わずに、どうしたらいいかと思っているんですね。
それで、ヤマダさんとしては、どうしたらよいと考えているのですか？

はい。正直困っています。
これまでのセッションの学びの中で、「ダメ」、「ムリ」、「できない」といった否定的な考え方をすると、前に進めなくなってしまうことはよくわかったのですが、周りの人がまだそれを理解してくれていないのがもどかしいんです！
ネガティブ発想なんか、役に立たないのだから、さっさと手放してしまえばいいのに……って思います。

ではヤマダさん、久しぶりのリフレーミングをやってみましょうか。
ネガティブ発想をする人の中にポジティブな側面を見出してみましょうよ。
ヤマダさんだったら、ネガティブ発想でいることにどのようなプラスの価値を見出しますか？

はぁ？？　ネガティブ発想の人をポジティブにとらえるんですか？？　なんだか訳がわからなくなりそうですけど……、考えてみますね。
えっと、ネガティブにとらえることで、リスク回避ができたり、失敗を回避できたりするのではないでしょうか。ネガティブに考えて何も行動しなければ、リスクも失敗もしないでしょうから。あっ、そうか。**ネガティブ発想でいることで、得られるものもあるんですね。それを無視して「変わらなきゃ！」と言っても、人は動かない**

わけですね。

ヤマダさん、そのとおりです。
それがポジティブであれ、ネガティブであれ、**人の言動の中には、必ず何らかの「肯定的な意図」が含まれています。**

ですから、ネガティブ発想だからダメというわけではなくて、そうなっている背景をしっかりととらえたうえで対応しなければ、単にいがみ合って終わってしまいます。

先生、このロジックって、使えますね！
例えば、以前のセッションで「喫煙は思考停止だ」という話（P48参照）がありましたよね。僕もそのとおりだと思っているのですが、**喫煙者にも必ず「肯定的な意図」がある**んですよね、きっと。

思考停止だと言われようが、周りの迷惑だと言われようが、健康に悪いと言われようが「喫煙をすることで得られる肯定的な意図」があるんですね。

だから単に「やめなよ」と言っても動かないんですよね。

ヤマダさん、いいところに気がつきましたね。
喫煙によって得られている「肯定的なもの」がタバコを手放しても得られたり、タバコ以上に魅力的な何かを見出さない限り、いつまでも考えることをしないで喫煙を続けてしまうのです。

だからこそ「思考停止」と言えるのでしょうが、そのことに気づかせてあげることも、周囲の愛情かもしれませんね。きっとここで紹介しているロジックは役に立つのではないかと思いますよ。

【ミニワーク】

「喫煙」や「大食い」のように、あなたにとって「止めたいのに、なかなか止められない」ものはありますか？ その行動をしている「肯定的な意図」を考えてみましょう。そして、その意図は満たしながら、どうすれば止めることができるかを考えてみましょう。

【ワークの回答、実施して感じたこと】

　さて、ポジティブ発想に関して、一つ注意したいことがあります。**単に前向きに考えればよいというわけではないのです。**
　ポジティブシンキングで「ドンマイ！　次、頑張ろう！！」と思考する危うさについてはP43でお話ししましたね。
　本当の前向きさとは、自分の「うまくいっていること」も「いないこと」もすべて受け止めて、さらに自分を成長させていくことです。「現実を見ないこと」ではありません。
　ただ、現実ばかり見ていても、先に進めないことも多いですよね。

ですから、人生はバランスが大切なんだと思います。

ポジティブに明るく前向きに進むことはもちろん重要ですが、時には、リスクマネジメント的な観点での対応も大切です。

ネガティブとポジティブ、どちらも極端に走ってしまうことも、問題なわけです。

私個人は「**ポジティブ寄りニュートラル（中立）**」というスタンスを心がけています。

ヤマダさんも経験があると思いますが、**人間関係は、相手のネガティブなところを見始めると、破綻する方向に向かっていきます。**

だからと言って、相手を無防備に受け入れてしまうのは、思考停止につながります。相手の良いところを見ながらも鵜呑みにしたり頼り切ったりしない……そのようなスタンスが良いのではないかと思います。

先生、まさに経験ありますよ！

人間関係って、お互いのイヤな部分を見始めて、それをイヤだと思い始めると、どんどんイヤなものが増幅していきますよね。そうすると、人間関係は終わってしまうんですよね。

イヤな部分も受け入れてこそ、さらに先に進めると思うのですが、だからといってそれは相手の言動を何も考えずに受け入れるということではないんですよね。

ところで先生、**この話って人間関係だけでなく、仕事においてもあてはまります**よね。仕事も「イヤだな」と思ったら、どんどんそれが増幅して、働くこと自体がネガティブなものになっていくような気がします。

ヤマダさん、鋭いですね。まさにそのとおりなんです！
嫌いな仕事や職場に対して、「もっと良くしよう」とは思わないですよね。嫌いだということは、何かもっと良くすべき点があるにもかかわらず……です。
では、どうしたらよいと思いますか？

根底に、**仕事に対する「愛情」がなければならないん**だと思います！
愛情があれば、ネガティブなものを見つけたとしても、それを乗り越えていけるのではないかと思います。
これは「人間関係」の話にも照らして考えてみました。
それで、**「愛情」を持つためには、仕事のいいところを見つけてみる**ことが大切だと思います。

ヤマダさん、いいですね〜。どんどん自分で考えることができるようになってきましたね！
仕事に対する「愛情」や「愛着」があれば、仕事のネガティブな面を見つけても、先に進めることができますよね。
そう、だからこそ**リフレーミングが大切**なのです。
自分の職場や仕事に関する「ポジティブな価値」を見出すのです。「やりがい」「世の中やお客様に対する価値（貢献）」「仕事の面白いところ」「成長できるところ」などなど、ポジティブな価値はいくらでも考えることができます。そのようなことを考えずに、「ちょっとイヤだから辞めてしまう」のでは、もったいないと思います。

さらには、「**自分の成長**」についても同じことが言えます。
毎日愚痴を言ったり、何となく時間を過ごしてしまうだけでは、**自分に対して失礼**ではないでしょうか。

何となく過ごしてしまう時間がだめなわけではありません。そういう時間もあってこそ人生なのかもしれません。だからと言って、そちらが中心になってしまったら、成長することに意識がいかなくなってしまいますよね。「成長しない習慣」を身につけてしまうのです。

【ミニワーク】

　自分の職場や仕事に関する「ポジティブな価値」を探してみましょう。「やりがい」「世の中やお客様に対する価値（貢献）」「仕事の面白いところ」「成長できるところ」など、多面的に考えてみましょう。

【ワークの回答、実施して感じたこと】

5 「信念を他人に押し付けない」ことが、世の中を平和にする

ところでヤマダさん、「新月の日に新しいことを始めるとよい」という話、聞いたことがありますか？

はい。実は、僕の彼女がすごくこだわっています。
なんでも、「月の引力は地球に大きな影響を与えていて、それが人間のリズムにも関係している。だから、これから月のエネルギーが増えていく新月は重要な一日だ」ということらしいです。

彼女は、新しい手帳を使い始めるとか、気に入った新しいアクセサリーを身につけるのは新月の日から……とか決めているようです。最近は僕の始めることにもいろいろと言ってきます。「新月の日に始めないと成果が違うのよ。だから今日始めるのは、やめなさいよ」って強く言われるんです。**僕は、始めたいと思った時が一番モチベーションが高いので、その時にやりたいんですけどね。**新月の話は、様々なブログやホームページでそのように断言してありますよね。僕個人は、本当かなぁ？……と思っているのですが、彼女が強く信じているので、それに反論できないという感じでしょうか。

そうですね。信じている人は多いみたいですね。
でも、この科学的根拠は薄いのです。
いろいろと調べてみると、どうやら根拠はアメリカの医学博士、アーノルド・L・リーバー氏が書いた『月の魔力』という書籍の中の理論がもとになっているようですが、それは単なる学説の一つにすぎません。
ブログの中には正直に「科学的根拠は薄いですが、そう信じてみるのも素敵ですよね」といった書き方をしているものもありますね。

で、今回の本題ですが、**たとえそれが間違っていたとしても、信じること自体は決して悪いことではない**ということです。

え、先生。それって「間違ったことでも信じてもいい」ということですか？
「間違ったことを信じよう」って、なかなか斬新な意見ですね。

いえいえ、ヤマダさん。そうではなくて、**信じることが、その人にとってプラスの効果があるのであれば、信じる価値がある**いうことです。決して「間違ったことを信じよう！」という話ではありませんよ。
でも、今のヤマダさんの言葉は興味深いですね。
私が「たとえそれが間違っていたとしても、信じること自体は決して悪いことではない」と話したことに対して、ヤマダさんは「間違ったことでも信じてもいい」と解釈し、さらには「間違ったことを信じよう」とまで言いました。
こういった解釈の間違いが平気で広まってしまうんですよね。ツイッターなどでも、伝言ゲームのように解釈が変わっていって、最

終的には全く違う内容として広まっているものもありますし、ブログなどでも誤った解釈を平気で載せている例もありますからね。ヤマダさんの勘違いは、いい題材になるのではないかと思います。

　先生、失礼しました。解釈を間違えてしまったんですね。でも、こうして本質をとらえそこなうことって、ありがちだな……と思います。だからこそ、しっかりと自分で検証する力が問われるんですね。

　ヤマダさん、そうですね。間違っても自分で学んで修正する力って大切ですよね。
　さて、本題に戻りましょう。先ほど「信じることが、その人にとってプラスの効果があるのであれば、信じる価値がある」と話しました。ここでいうプラスの効果とは、現実の行動につながったり、それによって成果が出ることです。信じることで行動をし、良い結果につながるのであれば、信じることもあながち悪いことではないですよね。

でも、それを他人に押し付けてはいけません。
これはこのセッションの最初の単元でやりましたね。
他人に考えを紹介した結果、相手が納得して信じるのであれば良いのでしょうが、納得しなくても怒ったりしてはいけません。ましてや、考えが違う人を攻撃してはいけません。それはフェアではありません。あくまで、本人が自分で信じるに値するかをしっかりと見極めたうえで判断する……**この権利を奪っていけない**のです。
「そんなこと、当たり前じゃないか。常識だよ」と言う人もいるかもしれませんね。
　しかし、歴史を見ると明らかなように、人間は自分の信念を他人

に押し付け、それに意義を唱える人を力でねじ伏せてきました。

　組織内の権力争いもそうですし、宗教間の争いもそうし、国家間の争いもそうですね。学校や職場でのいじめも基本的に同じ構造です。すべて自分と違うものを認めないところからトラブルが起こるのです。

「自分が何かを信じる自由」と「他人が何かを信じる自由」が共存しなければなりませんし、「自分とは違う他人を攻撃しないこと」を学ぶ必要があるのです。「自分の当たり前」は「他人の当たり前ではない」ことは、すでに学んできましたよね。**自分や自分たち以外にも「正解」はあるのです。**

　私たちの身の回りでさえ、自分の信念の押し付け合いです。**そして少しでも自分たちと違う信念や考え方だと、阻害や攻撃が起こる……。**これでは、いつまでたっても本当の自由が保障される平和な社会などありえません。

　そのベースになるものが「自分の力で考えること」なのです。

　他人の言うことを鵜呑みにしているだけでは、真の対等な関係を築くことができません。相手が上司でも、先輩でも、親でも、偉人でも、講師でも、カリスマ的な存在でも、タレントでも、宗教家でも……、相手が誰であっても人間としては対等であるべきです。相手がすべて正しいわけではないし、卑屈になる必要はないのです。

　さて、新月の話ですが、新月の日に新しいことを始めることで、それがプラスの自己暗示となり、本人が成功しやすくなるのであれば、大いに活用すればよいと思います。しかし、**それを他人にも強要したり、新月以外の日に始めてしまったから自分は成功できない……などとネガティブに考え始めてしまったら本末転倒**ではないかと思います。

201

このような信念やルール系の考えは、「プラスの自己暗示をかけるために活用する」ことが大切なんですね。これは占いにおいても、同じだと思います。

　　　　　だからこそ、「教育」が大切なんですね。
　　　　　「考える力」を身につけ、「違うものを受け入れることの大切さ」を学ぶことで、自分の身を守ることができるんですね。
　それと、「これを信じないとバチが当たる」とか「この人の教えが絶対だ」とか「これを絶対にやらなければ損をする」といった「間違った情報」には、絶対に乗ってはいけないんですね。

　　　　　そうです。「教育の質」が、人の素養を決定します。
　　　　　学校であれ、学習塾であれ、家庭であれ、どこにおいても、「考える力」を育成することは重要なのです。
　そしてもちろん、大人においても全く同じです。
「大人になったから、もう勉強なんか必要ない」と学ぶことをやめてしまっている人も見かけますが、とてももったいないことです。**自分を成長させる努力をしていなかったり、思考停止になっている人が親になった時、その姿を子供が見てどう思うでしょうか。**

　　　　　「考える力が世界を救う」……何を大げさに言っているんだと言われるかもしれませんが、まさにそういうことですよね。世界中の人々が本当に自分の頭で考え、自分とは違うものを認め合える世の中になれば、平和になるはずですよね。

　　　　　ヤマダさん、そのとおりです。**その国や地域や家庭で、どのような教育がなされているかによって、その国の民**

度が決まりますよね。

　古くから風習や迷信を信じこんでしまい他者を攻撃する。一方的なものの見方で他国を非難する。他国を非難する教育をおこなうことで、自分たちへの不満をそらそうとする。世界でも「思考停止」の状態はたくさん見てとれます。私たちが「世界」で起きていることから学べることはたくさんあるのです。

　そして私たちは**まずは身近なところを振り返ることから始めましょう。**

　私たちは、子供たちに誇れるような「考える存在」となっていますか？　**家庭**において、**子供の「考える力」**を養う教育をしていますか？　**地域**において、**お互いの多様性**を認め合って学び合っていますか？　**職場**において、部下の「考える力」を伸ばしていますか？お互いの「考える力」を認め合えていますか？　そして、**上司の「ものの見方」**を尊重していますか？

　最初のセッションでもお話ししましたが、「知っている／頭でわかっている」ことと「できる」ことは全く違います。また「できる」ことと「習慣化している」ことは別物です。

　頭では分かっていても、やっていないことやできていないことはありませんか？　まずは、身近なところからスタートしていきましょう。

　私たちは何歳になっても、成長することができます。

　自分を高め、お互いを高めることができれば、さらに最高のチームになっていきます。

　そう考えてみることで、**私たちはお互いにまだまだ成長しあえる存在である**ことがよくわかると思います。

【ミニワーク】

あなたは、この単元を読んで、どう思いましたか？
具体的に整理してみましょう。
①あなた自身、他人に何かを押し付けていることはありますか？
②そしてあなた自身ができることは何だと思いましたか？

【ワークの回答、実施して感じたこと】

6 「行動」こそが結果を作る……。それで？？

　　　　先生、これまでのセッション、本当にありがとうございました。とっても楽しく学ぶことができて、嬉しかったです！
　学ぶことや成長することは、楽しくてワクワクすることなんだ……って、実感できました。

　　　　ヤマダさん、ありがとうございます。
　　　私たちが生きている限り、人生の授業に卒業はありません。だからこそ、これからの私たちの日々の生き方が大切です。**過去は変えられませんが、未来の自分はデザインすることができます**よね。

　　　　先生、そのとおりですね。
　　　　この授業を卒業してからの行動が大切ですよね。
　　　　以前、習慣化の話を聞きましたが（P54参照）、行動を習慣化できるようにしていきます。

ヤマダさん、そうですね。

では、卒業授業として、自分の今後の行動を整理するワークをやりましょう。具体的に「何を」「いつ（どのタイミングで）」「誰に対して」「どう」実行するかを、今すぐに明確にしておきましょう。**明日ではなく気持ちが高まっている「今」が自分の人生を変えるベストタイミングなのです！**

【ファイナルワーク①】

「考える力」が身についた自分や周囲の姿を想像してみましょう。
どのような状況になっていますか？　具体的なイメージを詳細に書いてみましょう。

例）固定観念にはまらない斬新な発想を生み出せるようになり、職場メンバーの意見を否定せずに受け入れることができるようになっている。

【自分の姿】

【周囲の姿】

【ファイナルワーク②】

そのためのあなたの「今後の行動」を具体的に整理しましょう。

	何を／いつ／誰に／どう（順不同で構いません）
例	職場の部下の報告を受ける際に、「なぜそのように考えたのか」「何をどうしようと思っているか」を質問して、考えさせるようにする。
例	電車やコンビニなどで周囲をキョロキョロして、何か面白いものはないかを探し、「一日一驚」を行う。見つけた面白い内容は、「アイディアエクササイズノート」に記述する。
①	
②	
③	
④	
⑤	
⑥	

このリストから、まず取り組む行動を3つピックアップして、さっそく実行しましょう！

「考える力」は、
自分だけのものではない

セッション5のまとめ

1. 一緒にロジカルに考えてみたり、自由奔放にアイディアを出し合ったり、思考停止になっていないかを確認し合ったりできる仲間の存在は、あなたにとってかけがえのない宝物となる。

2. 自分自身で「これをやってみたい！」と実感することこそが、本人の強い行動へのモチベーションにつながる。逆に、押し付けたり強く進める行為は、逆効果になることもあるので要注意である。

3. 「受け止める」「認める」「フィードバックする」「質問する」「まとめる」ことで、相手の考える力を引き出すことができる。これは部下育成に限らず、チーム作りにも役だつ。

4. マネージャー（やリーダー）は影響力のある存在であり、このクラスの意識ひとつで、チームの実力が大き

く変わってしまう。なぜなら、日ごろの上司の言動は、職場風土に直結しているからである。

5. マネージャーでなくても職場に対してできることはたくさんある。思考停止の言葉を共有化して、日々意識できる環境を作ることも、その一つである。「自分は責任者ではないから……」などとあきらめないこと。

6. 「事なかれ主義」の根底には、「コンフリクト（衝突）とは悪いものだ」という考えがある。しかし違う意見には、自分にはない視点が含まれており、意見や考えが違うことは、必ずしも悪いことではない。

7. 他者への関心がなくなっている組織、忙しさに追われてしまっている組織は思考停止状態におちいりやすい。

8. 人は、自分とは違うものについて受け入れることができず、子どものころから「うざい」「キモい」などの言葉で片づけてしまう傾向がみられる。結果としていじめを生み、狭い世界の中だけで生きる人間を生んでしまう。しかしこれは、親の姿勢にも問題がある。親の言動や生き方そのものが子どもの考える習慣を奪ってしまうのだ。

9. ネガティブ発想でいることで、得られるものもある。それを無視して「変わらなきゃ！」と言っても、人は動かない。その言動の「肯定的な意図」をつかもう。

10. 「考える人」のスタンスとして、「ポジティブ寄りニュートラル（中立）」は役に立つ。他者や情報をポジティブに受け入れながら、無防備に受け入れるわけではないという姿勢は人生を豊かにしてくれるだろう。

11. 仕事に対する「愛情」「愛着」を持とう。そのためには、自分の職場や仕事に関する「ポジティブな価値」を見出してみよう。

12. 信じることが、その人にとってプラスの効果があるのであれば、信じる価値がある。しかしそれを他人に押し付けるべきではない。本人が自分で判断する権利を奪っていけない。

13. 「自分が何かを信じる自由」と「他人が何かを信じる自由」が共存しなければならないこと、「自分とは違う他人を攻撃しないこと」を学ぶ必要がある。自分や自分たち以外にも「正解」はあることをしっかり理解することで、本当の自由で平和な社会が実現する。

14. 「教育の質」が人の素養を決定する。「考える力」を身につけ、「違うものを受け入れることの大切さ」を学ぶことで、自分の身を守ることができる。

15. 過去は変えられないが、未来の自分はデザインすることができる。だからこそ、自分はどうなりたいのか、そのために何をしたらよいのかを明確にしよう。

セッション6

読者からのQ&A
～日々の生活で活かすためのヒント～

1
Q&A①
日々論理的に考えるためのコツは？

　　　　さて、今回の最終章は、前回の本を読んだ方々からいただいたいろいろな質問やご意見などに対するヒントをご紹介したいと思います。

　インターネットのサイト経由でいただいたご意見だけでなく、私の研修の場などでも直接伺いました。本の感想や成果については、冒頭でご紹介しましたね。

　　　　はい。では、いただいたご意見やご質問を僕から先生に投げかけてみたいと思います。今回は僕の質問ではありませんので、先生から「ヤマダさんはどう思いますか？」と聞かれないと思いますので……。

　　　　いえいえ。ヤマダさんはこの授業をとおして考える力を身につけてきた人ですから、その過程で学んだこともたくさんあるはずです！　必要に応じて、ぜひその体験も聞いてみたいと思っていますよ。

やっぱりそうですよね……。わかりました！
僕なりに頑張って答えを出してみますね。

では、さっそく一つ目です。お話ししやすいように、Aさんとお呼びしましょうか。

「実際に生活の中で使っていきたいと思いますが、実際に論理的に考えていけるかが不安です。」というご意見です。

生活の中で使えることはたくさんあると思いますが、その中でも論理的に考えることを実践したいとお考えなんですね。

ヤマダさん、いいですね。まさにそのとおりなんです。
人の話の中には、無意識にその人の「前提」が入っているんです。それをしっかりとつかまないと、ピントのずれた会話になってしまうんですね。

実は、このような前提を省略した意見を伝える人はとても多く、受け取る側は大きく混乱します。あいまいな意見を伝えてしまうと、結果として会話がかみ合わずに誤解を生んでしまったり、時には相互の信頼関係がなくなってしまったりします。だからこそ**「自分の当たり前は他人の当たり前ではない」**ことをお互いが意識しなければならないんですね！

短い文章ですので、先ほどお話ししたようにわかりづらいところもありますが、Aさんは最初から論理的に考えることに目的意識があるかもしれませんね。だとしたら、論理的に考えること以外にも生活の中で活用できることがあることに目を向けてもらうことも価値があるかもしれません。

さて、本題に戻りましょう。今回のご意見は「論理的に考える力を身につけるためにどうしたらよいか」ということですが、さぁ、どうしたらいいでしょうか？

ヤマダさんが論理的に思考できるようになったこれまでのプロセ

スから解き明かしてみましょうよ。

はい。僕がロジカルに考えようと思ったスタートは、個人授業の中で、先生からロジックツリーとかMECEとかの話を聞いて面白そうだと思ったところからなんです。
面白そう……って、興味を持つことは大切ですよね。

なるほど。何ごとも、興味や関心を持つところからスタートですね。そうしないと続かないですからね。ちょうどロジックツリーの話がちょうど出ましたので、これを使って考えてみましょう。

実はロジックツリーのように、**大きなテーマから枝分かれして内容を整理する際には、主に3つの疑問符を使います。**さぁヤマダさん、それは何でしょうか？

え……っと。ロジックツリーは問題解決の時に使われますから、**how（どうやって？ どのように？）**は使えるんじゃないでしょうか？
「それはどうやって解決するのか？」と解決策を考えていくと思います。

それから、**why（なぜ？ どうして？）**も使える疑問符だと思います。「なぜそのようなことが起きたのか？」とトラブルの原因などを考えますよね。

でも……、もう一つは何でしょうか？

たぶん**what（何を？ どんなことを？）**ではないかと思います。「それは何か？」という種類分けに使えますよね？

ヤマダさん、そのとおりです。ちゃんと考えながら、自分なりの解答が出せていますね。
問題解決のストーリーに沿って考えてみると、どんな場面で使えるかがわかりやすいのではないでしょうか。

問題解決のストーリーはわかりますよね。簡単に言えば、まずは「問題を発見する」ステップがあり、「問題の原因を探る」ステップを経て、「対策を考える」ステップにつながっていきます。そして対策をPDCA（Plan計画→Do実施→Check確認→Action処置）サイクルを回しながら実行していくわけですね。
さて、この問題解決のステップにおいて、3つの疑問符を活用したロジックツリーは大きく役に立ちます。
具体的には…、

①what……問題点の整理（それはどんな種類の問題か？）
②why……原因分析（その問題はなぜ起きたのか？）
③how……対策立案（それはどうやって解決するか？）

第2章でご紹介した簡単なロジックツリー（P66）は、問題点を多面的な切り口から整理するためのものでしたので、whatで整理したんですよね。
一見whoのように思えるかもしれませんが、あくまでも問題点を洗い出す切り口の一つとして人を活用した……という感じです。

さてヤマダさん、なんでこんな話をしてきたか、わかりますか？

あ！　わかった気がします！
日々論理的にものごとを考えようとするときのヒントになるんですね！

論理的に考えるためには、この3つの疑問符でものごとを掘り下げるようにすればいいのではないでしょうか。

たとえば「それはなぜなんだろう（why）？」と何回も自分に問いかけてみるとか…。

ヤマダさん、そのとおりです！
この3つの疑問符を常に問いかけることで、ものごとをより深く考えることができるようになるのです。

この3つの疑問符は、あなたをロジカルにするだけでなく、日常会話でもフルに活用できるものですよ。

・「それはどういうことなんだろう（what）？」→ものごとの具体化に役立つ質問
・「それはなぜなんだろう（why）？」→ものごとの根本原因の追究に役立つ質問
・「そのためにはどうしたらいいんだろう（how）？」→ものごとを実行レベルにするために役立つ質問

日常会話レベルでも使えるのはいいですね！
この3つの疑問符をうまく使って、今まで以上にロジカルに考えたり、人の話をしっかり聴けるようになっていきたいです。

2 Q&A② 情報の信頼性を確かめるには？

先生、では別の質問にいきますね。
ここまでの授業でも「情報の信頼性」に気をつけるように先生から教わってきました。僕も何回か失敗しながらも、成長してきました。
今回の質問はこのことに関してです。
「言いたいことの意図はわかりますが、原典にあたるというのはハードルが高すぎると思います」 というものです。
質問というより、ご意見ですね……。でもこれは、僕もちょっと感じていたことなので、選びました。

そうですね。これまでも、何度も情報の信頼性については何度もふれてきました。
それで、ここまでの内容をふまえて、ヤマダさん自身はどう思いますか？

第1章のやり取りの時は、ネットやマスコミの情報はしっかりしたものだから、うまく使うべきだと思っていました。

今は、微妙だなぁと思っています。ケースバイケースというか……って、思考停止の言葉をダブルで使ってしまいました！
　え〜と、**自分で「その情報が本当に正しいのか」をしっかり見抜く感性を身につける**ことが大切ではないかと思います。なぜなら、世の中に氾濫しているすべての情報が正しいとは限らないからです。中には「一見正しい」ものもありますよね。でもよく考えるとおかしいな……というものです。

　　　　　そうですね！　その情報が正しいかどうかを見抜く感性は非常に重要です。
　　　　　この世の中から「安易に情報に振り回される人」が少しでも減ってくれるといいなと思っています。
　では、情報の信ぴょう性に対する感性を高めるには、どうしたらいいと思いますか？

　　　　　そうですね……。
　　　　　情報の信ぴょう性に対する感性を高めるために、僕が日ごろ気をつけていることは、こんなことです。
①テレビやネットにある衝撃的なタイトルに飛びつかない。
　これらはたいてい視聴率やアクセス数を増やすために意図的に加工されてものだと気づきました。もちろん、タイトルに惹かれて見てはしまうんですが、最近はタイトルを見た段階で「本当かなぁ」と思えるようになったと思います。
②その中で言われている内容自体の信ぴょう性を疑ってかかるようにする。
　以前の授業でもありましたが、情報は発信者の都合や意図でいくらでも切り取ることができますし、解釈を変えることもできます。それに自分の主張に都合のいい意見ばかりを集めることもできます。

そういう観点で世の中をとらえてみると、特に最近話題にもなっていますが、マスメディアの報道の中には公平性を欠いているものも多いと感じました。

③疑った情報は可能な限り自分で調べてみる。

　質問にもありましたが、これが一番難易度の高いものだと思います。でも、やってみて思ったのですが、情報の出所を探ってみたり、そのデータは統計的に本当に価値があるかを考えてみることは、自分の情報に対する感性を高めてくれると思います。

　　　　　　ヤマダさん、さっそく行動しているのですね！
　　　　　　私たちの周りには、恣意的に加工された情報があふれかえっています。そのことに気が付くことも大切なことですよね。

　ネットに氾濫するフェイクニュースや間違った情報を鵜呑みにしている人たちが後を絶ちません。**間違った情報は、もともと悪意を持って流される場合もありますし、間違っていると知らずに拡散されている場合もあるのです。**意図していないにもかかわらず、自分が間違った情報を拡散する役割を担ってしまっているかもしれないんです。

　ヤマダさんが③で触れてくれましたが、情報の出所をしっかりと知ったうえで判断することは大切なことですが、必ずしも出所がわからない場合も現実にはありますよね。だからと言って、調べるという行動に価値がないわけではありません。

　これは私の前著『12万人を指導した"カリスマ講師"が教える"売れっ子講師"になる112の秘訣』でも、調査について詳しく紹介しているのですが、調べてもどうしても原典にたどり着けなかったとしても、**その際にいろいろ調べた体験自体が自分の財産になるのです。**

だから、**面倒がらずに自分なりに調べてみてほしい**のです。やってみること自体に大きな価値があります。それこそが「思考停止状態」から卒業することになるのですから。

　　　　　　　　はい。忙しくてバタバタしているときは、情報を調べること自体が面倒だと思いがちですが、それこそが思考停止の状態になっていますよね。
「面倒だなぁ」と思った時こそ、行動を起こしてみることが求められているんだと思いました。

3 Q&A③
習慣化をうまくおこなうには？

先生、では最後の質問です。
これもなかなか手ごわい質問ですね。
「なかなか習慣化ができません。すぐに忘れてしまうんです」 というものです。

なるほど。どうしたら習慣化できるかという話ですね。
ではヤマダさんに質問ですが、ヤマダさんがこの授業を受け始めてから習慣化したことには、どのようなものがありますか？

はい。先ほどの**情報を自分なりに調べてみる**という話は、まさにそうだと思います。ネットで刺激的なタイトルを見るたびに「あ！　気をつけなきゃ！」と条件反射的に思えるようになりましたね。
それと、「一日一驚（アイディアエクササイズノート）」は楽しみながらやっていますよ。先生の授業を受けてから、自分の周りのものごとがすごく新鮮に見えるようになったんです。
あともう一つ。**「思考停止」の言葉や行動**にはすっかり敏感になり

ました！　僕のデスクにリストを貼ってみているうちに、自然と覚えてしまいました。今では人との会話の中に潜む思考停止の言葉や行動をたくさん見つけられるようになりましたよ。
　今思いつくのは、この3つです。

　　　ヤマダさん、さっそくいろいろと取り組んでくれているんですね！　でも、取り組んでくれていることは普段の言動からハッキリ伝わってきていますよ。

　いまヤマダさんが3つ挙げてくれましたが、一度にたくさんのことを習慣化しようと思ってもなかなかできませんよね。**習慣化は、3つぐらいに絞って、常に意識をしやすくすること**が一つのコツだと思います。
　さて、他にも習慣化を成功させるためのポイントはたくさんあります。ヤマダさんの言葉の中にもヒントがありましたね。そこで、MECEで考えてみませんか？　ヤマダさんなら、どう整理しますか？

　　　MECEで「モレなくダブりない」切り口で考えてみるんですね！　わかりました。やってみます。
　え〜と、**「自分一人で習慣化すること」**と**「自分以外の人を巻き込んで習慣化すること」**……というのはいかがでしょうか？

　　　なるほど。面白い切り口ですね。では、さっそく考えてみましょう。習慣化を成功させるためには、どんなことが役立つのでしょうか。

　　　はい、考えてみます。
　先生の授業は、こうやって話しながら考えさせてくれるので、自分の頭がすっきりするんですよね。

ではまず「自分一人で習慣化する」ためのアイディアですが、2つ思いつきました。
①**常に目にする場所に習慣化することを書いておく**
　これは僕の場合は職場のデスクでしたが、自分の部屋でもいいかもしれませんし、手帳やスマホ、カレンダーなどの常に見る場所に貼り付けておいてもいいでしょうね。
②**予定としてスケジュールに組み込む**
　これは一日一驚のノート（アイディアエクササイズノート）を習慣化するときに僕がやったことですが、スケジュールツールの決まった時間に「一日一驚ノート作成」って入れておいたんです。僕の場合は、夕方にその日のことを思い出しながら書けばいいかな……と思って始めたんですが、次第に夕方以外の時間にも「あ、これは今書いておかないと忘れちゃうな」というように、その場で書けるようになりました。アイディアって、その場で書かないと忘れちゃうんですよね！

　とりあえず、自分の経験から言えることは、この2つです。

　　ヤマダさん、いいですね。
　　自分の経験から学びを引き出す…それこそが、学びを形にしていくうえで重要なことなんです。
経験をボーっと体験するだけでは成長はありませんが、経験から自分の学びを言語化して抽出することで「自分の本物の知恵」になるのです！
　それと、ヤマダさんは今「2つです」とか「3つです」とか意識して話していると思いますが、これも人に情報を伝えるうえで大切なことです。**ポイントの数を伝えることで、聴き手が頭を整理できる**んですね。

では、もうひとつの**「自分以外の人を巻き込む」**アイディアはありますか？

　はい！　やっぱりほめられると嬉しいですね。
　自分以外の人を巻き込むことで習慣化するためのアイディアですが……、これは3つ思いつきました。職場での経験から出してみますね。

①みんなの前で宣言する
　やっぱり、「これから○○に取り組みます！」と人前で宣言すると、やらなきゃいけない……って思いますよね。
　宣言したことは、みんなが覚えていますから「○○はちゃんとやってる？」って質問してくれるんですよね。それがいわゆるリマインドにもなるんだと思います。
　僕の同僚が禁煙を始めたんですけど、その時に周りに宣言したんです。言ってしまった手前、しっかりやり遂げようという意思につながった……と同僚が言っていました。
　喫煙って思考停止の行動の一つでしたよね。同僚もやめられて良かったのではないかと思っています。

②自分の味方を作る
　一人で取り組むことって、孤独でつらいですよね。先生の授業の中でも「上司を味方にする」ってありました。
　これは僕も社内教育で経験があります。研修中は仲間と「頑張ろうね！」となるんですけど、職場に戻ると研修内容を知っている人がいないので孤独なんですよね。それで結局何もやらないで終わってしまうんです。
　だから、自分のやろうとしていることを理解してくれる人を作ることは大切だと思います。習慣化のための支援をしてもらえることもあるでしょうし。

③自分の仲間を作る

　これは②の発展形かもしれませんが、仲間を巻き込んで、一緒に取り組むこともいいと思いました。
　仲間がいれば、お互いに励まし合いながら進められるので、挫折しづらくなりますよね。

「自分以外を巻き込む」アイディアは、この3つです。

　ヤマダさん、ありがとうございます。
　たしかに、周りをうまく巻き込むことで習慣化もしやすくなりますよね。
　ところで、一つ質問です。
　先ほど「一人で取り組むことは孤独でつらい」って話していましたよね。一人なのは確かに孤独かもしれませんが、なんで「つらい」って思ったんですか？

　え？　つらいことだと思い込んでいました。
　たしかにそうですね。
　この授業の最初のときに「考えることはつらいことだ」と思い込んでいた自分を思い出しました。
「一人で取り組むのがつらい」のは、その面白さや価値をわかっていないからなんだと思います。僕は鉄道模型が趣味なんですけど、一人でも喜んで日々情報収集をして、自分から仲間というか同志を探していますからね。先日は思わず彼女にかなり熱く語っていたみたいです。
　でも、これは習慣化にも使えるロジックかもしれませんよね。
　少なくとも**自分の成長につながることの習慣化は、他人から言われて強制的にするべきものではない**と思います。

ヤマダさん、そのとおりなんです。
習慣化は、そもそも何のためにするんでしょうか。
自分の成長のためですよね。

だとしたら、「**これが習慣化できたら、何が得られるのだろう**」「**習慣化することでどんな自分になるだろう**」「**習慣化することで、日々がどう変わるだろう**」……などと、習慣化による価値や得られることを事前に考えておくことも大切だと思います。なぜなら、**成長することはワクワクすることであり、人生を豊かにしてくれること**だからです。

ここで考えてきたアイディアはまだまだ一部にすぎませんが、自分にとってどうすれば「習慣化」をしやすくなるかを知っておくことは大切だと思います。

ヤマダさんは既に3つ習慣化をしてきましたね。
さぁ、新たな習慣化に向けて何に取り組みましょうか。ヤマダさんがワクワクするものを考えていきましょうね。
これがきっと、ヤマダさんの次の人生のステージの入口になることでしょう！

※読者の皆様にご覧いただける無料動画をご用意しました。
(「思考停止に陥っている20の言葉とその対応法」の詳しい解説です)
私のホームページからご覧いただけます。
ご興味のある方はアクセスしてください。
潮田　、滋彦　http://www.to-be-consulting.jp/

おわりに

　実は、最初にこの本を書くきっかけになったのは、私の上司が急
逝したことでした。

「はじめに」でサラリーマン時代のことを書きましたが、その当時
の上司です。突然の訃報に接し、改めて生命には限りがあることを
強く認識しました。だからこそ、この本を書きました。

　私は研修講師です。日々さまざまな土地で、さまざまな業界のお
客様に対して、さまざまなテーマで丸1日（時には丸2日）の研修を
おこなっています。私の場合は、階層研修からテーマ別研修まで、
非常に幅広い研修をカバーして実施していますので、ほぼ日替わり
で頭を切り替える必要があります。その当時は年間200日以上の登壇
予定になっていました（今は220日になりましたが……）。一日の研
修が終わると新幹線や飛行機に飛び乗って次の街へと移動し、夜中
までホテルで教材を作成し、翌日は次の研修を全力でおこなう……
それだけでもフラフラになるようなスケジュールです。

　でも、**そのような中だからこそ、自分が本当に書きたいと思う本
を書くべきだと思ったのです**。時間がたっぷりある中で書くことは
当然できるでしょうが、**時間がないからこそ、本当に伝えたいメッ
セージに絞って本気で向き合うことができる**と思いました。

　そして、そのとおりの本が出来上がりました。

　私が「この人生をかけて本気で伝えたいことは何か」と考えたと
き、息子の顔が浮かびました。当時小学生だった息子に、父親とし
てこれから何か伝えることがあるとしたら、それは**「自分で考える
力は人生の宝物だ」**というメッセージではないかと思いました。彼
が大人になる過程で、きっと役に立つ本になってくれる……そんな

思いで向き合って書きました。

　私の直接の動機は何であれ、この本は世の中のさまざまな皆さんのお役に立てるのではないかと思います。なぜなら、**「自分で考える力」はだれにでも必要な力で、この力を磨くことで、世の中が豊かに平和になる**はずだからです。

　あなたには、人生の「師」と呼べる人がいますか？「師」とは、自分をさらなる高みへと成長させる力をくれる存在です。

　私にも、人材開発の講師として成長するうえで、恩師と呼ぶべき人が数名います。ここでは、冒頭でふれたサラリーマン時代の上司について書かせてください。私が企業の人材開発部門で活動を始めたときから、大きくかかわってくれた方です。

　私は最初からロジカルな人間だったわけではありません。どちらかと言えば、この本のヤマダさんのような思考をしていました。

　そんな私に上司は日々「それは何のためにするんだ？」「それで何が言いたいんだ？」「その本質は何だ？」「それで本当に問題は解決するのか？」……と、さまざまな問いかけをしてくれました。社会人としてまだまだ駆け出しだった私には難しい質問も多かったのですが、「わかりません」では許されませんでした。でも、そうやって毎日鍛えられた結果として、今の自分がいます。この本のような**さまざまな知恵を自分自身で発見する力**を身につけることができるようになったのです。

　そして上司は、日々を漫然と過ごすのではなく、自分を磨き、質を高めることの重要性も自ら実践して見せてくれました。

　この一連の育成プロセスを思い出すたび、胸が熱くなります。

　世の中は、「繰り返すこと」で成り立っています。そろそろ、私自身が皆さんに伝えていく番だと思いました。ですから、私自身が

講師として身につけてきたものを「講師養成」として伝えていくこともライフワークだと思い、その活動も続けています。そしてもちろん、「自分の力で考え、知恵を生み出す力」の重要性も……。

　私には教わってきたことや生み出したことを自分の言葉として世の中に還元していく義務があると思っています。諸先輩から教わったことや自分自身が考え出したことは、世の中に感謝の気持ちとともにお返ししていくべきなのだと思います。でもそれは、**単なる「知識」として伝えるのではなく、できる限り「実感」をもって身につけていく形で伝えるべき**だと思っています。

　さてここまで、この本を最初に執筆した当時の思いについて書いてきました。その後何十回もこの本を読み返していますが、今でも当時の思いは変わりませんし、内容に関しても自信を持ってお薦めできるものだと思っています。どんな時代になっても色褪せない普遍的な内容だと思います。だからこそ、改めて新版として世の中に再度この思いを広める機会をいただけました。

　今回の新版の出版にあたり、読者の皆さんからの反応も含めて追加の原稿を書かせていただきました。たくさんの反応をいただいて本当にうれしかったです！　ぜひ、今回の新版の感想もお寄せ下さいませ。私の会社のホームページからメッセージを送っていただければと思います。

　この本を、**あなたが新しい習慣を身につけていくための新たな「師」のような役割として活用**いただけるのであれば、この上ない喜びです。

2017年11月

潮田、滋彦

> 巻末資料

ビジネスで使える
12のフレームワーク

増補改訂版

※フレームワークの説明はP149参照

　思考整理の「枠組み」であるフレームワークには、さまざまなものがあります。
　本書の最後に課外授業として、代表的なものを簡単に解説を付けてリスト
アップしますので、**自分でもっと詳しく調べてみましょう**。ただし、本や
ネットの解説だけを何となく読んでも、あまり役に立ちません。
　もっとも大切なことは、**これらを自分の職場や業務にどう生かせるかを考
えながら自力で調べる**ことが大切です。ですので、職場の情報に当てはめな
がら、【レッスン！】を実際に取り組んでみましょう！　完璧でなくても構い
ません。自分で調べて使ってみることで印象に残り、かつ現実の世界で活か
せるようになります。

　なお、有名なフレームワークには、より効果的に使うためのアイディア（バ
リエーション）の提案がたくさんあります。また、本によって表現などが微
妙に違っているものもあります。
　つまり、**唯一絶対の正解はない**ということです（もちろん最初に提唱した
人はいますが、その意見がすべてではないことは、すでに学んでいますね）。
いろいろ自分で調べたうえで、本当に自分にとって役立つフレームワークをい
くつか見つけてみましょう。
　また、参考になりそうな書籍やURLをこのコーナーの最後にご紹介しますね。

■外部環境（世の中や顧客などの動向）を意識できるフレームワーク
①3C

顧客（Customer）	競合（Competitor）	自社（Company）

【概要】 自社と自社を取り巻く環境（外部環境＝顧客動向や競合動向）を整
　理する一般的なフレームワーク。動向分析をすることで、顧客や業界の動
　きが当社に影響を与えていることが明確につかめるようになります。

230

【レッスン！】あなたの会社や周囲の動向を3Cで整理してみましょう。

②SWOT分析

（外部環境）　　　　　（内部環境）

機会（Opportunities）	強み（Strength）
脅威（Threats）	弱み（Weakness）

【概要】外部環境（顧客、競合動向）のプラス面（＝事業機会）とマイナス面（＝脅威）、内部環境（自社の経営資源）のプラス面（強み）とマイナス面（弱み）を整理するもの。さらに、各要素を掛け合わせることで（クロスSWOT）自分たちの状況や打つべき手が見えてくるフレームワークです。

【レッスン！】あなたの会社や部門をテーマに、SWOT分析をしてみましょう。

③PEST分析

政治（Politics）	経済（Economy）
社会（Society）	技術（Technology）

【概要】外部環境を整理するためのフレームワークです。

マクロ環境のなかで、企業にとって特に影響の大きい「政治的要因（法や税制など）」、「経済的要因（景気や株価など）」、「社会的要因（世論、自然環境、文化など）」「技術的要因（特許や新技術など）」について整理することで、世の中の状況をつかむことができます。

【レッスン！】世の中をキョロキョロして、PEST分析をしてみましょう。

④世の中 − 業界 − 会社

【概要】先ほどの3Cと同様、自社と外部環境を1つの枠組みの中で整理することで、自社と周囲との違いや共通点を明確にするものです。3Cが「顧客」と「競合」という、自社にとっての比較的身近な存在を整理しているのに対し、このパターンでは3Cの「顧客」のかわりに「マクロ環境（世界や日本などの世の中全般の環境）」を整理することで、視点がより大きくなっていることが特徴です。

【レッスン！】あなたの会社や周囲の動向を「世の中 − 業界 − 会社」の切り口で整理してみましょう。

■内部環境（企業内の情報や業務プロセスなど）を意識できるフレームワーク
①マーケティングの4P

| 製品（Product） | 価格（Price） |
| チャネル（Place） | プロモーション（Promotion） |

【概要】アメリカのマーケティング学者E・J・マッカーシーが提唱した理論。マーケティング活動（企業が製品やサービスを顧客に向けて流通させるためにおこなう体系的な活動）においては、4つの要素をミックスして、市場の望ましい反応を引き出すことが大切だとしました。

【レッスン！】自社の商品やサービスを4Pに照らして分析してみましょう。

②QCD

| 品質（Quality） | コスト（Cost） | 納期・工程（Delivery） |

【概要】企業内でよく使われる切り口。職場、業務やサービスに関する問題点や改善案を考える際に役に立つフレームワークです。

【レッスン！】職場の業務やサービスの問題点をQCDの切り口で分析してみましょう。

③経営資源

| ヒト | モノ | カネ | 情報 | 時間 |

【概要】経営資源とは、企業や職場を運営していく際に資源となるもののこと。QCD同様、職場、業務やサービスに関する問題点や改善案を考える際に役に立つフレームワークです。

【レッスン！】職場における様々な情報を経営資源の何にあたるかを分類してみましょう。

④4M

| 人・作業員（Man） | 機械・設備（Machine） |
| 作業方法（Method） | 材料・部品（Material） |

【概要】工場やサービスの現場などでよく使われるフレームワークです。

【レッスン！】職場の業務やサービスの問題点を4Mの切り口で分析してみましょう。

⑤バリューチェーン

| 主活動 | 購買物流→製造→出荷物流→販売・マーケティング→サービス＋マージン |

| 支援活動 | 全般管理、人事・労務管理、技術開発、調達活動 |

【概要】バリューは「価値」、チェーンは「鎖」のこと。企業の中で、各部門が顧客に対して価値を創出しているつながりを表したものです。

【レッスン！】あなたの会社の中におけるバリューチェーンを考えてみましょう。各部門が有機的につながり、顧客に価値を生み出していますか？

⑥顧客のニーズ

| ビジネスニーズ（業務上達成したいもの） |

| テクニカルニーズ（技術上満たさなければならないもの） |

| パーソナルニーズ（個人的に達成したいもの） |

【概要】顧客が持っているニーズをヒアリングする（引き出す）際に役立つフレームワークです。

「ビジネスニーズ」は、企業戦略上や業務上、達成が求めらているニーズ（＝目的）のこと。

「テクニカルニーズ」は、例えばコンピューターシステムであれば、サーバーの容量やOSなどの技術的に満たさなければならない要件のこと。

そして「パーソナルニーズ」は、顧客の担当者が個人的に満たしたい「専門的なことはわからないので、わかりやすく説明してほしい」などのニーズのこと。

【レッスン！】あなたが担当する業務のお客様のことを分析してみましょう。あなたが社内スタッフの場合も、自分の「お客様」はだれかを考えてみましょう。

⑦GROWモデル（コーチングにおけるフレームワーク）

目標・ゴール（Goals）　現状・現実／資源（Reality/Resource）

選択肢（Options）　意思（Will）

【概要】元カーレーサーのジョン・ウィットモアが、優れたチームをつくりあげるための質問の枠組みとして整理したもの。コーチングの質問をおこなう際などに、最低限押さえるべきものとして活用しましょう。

【レッスン！】あなたが後輩や部下の話を聞いてあげる際に、GROWの枠組みを意識してみましょう。

⑧人材育成

OJT（On the Job Training）　OffJT（Off the Job Training）

自己啓発

【概要】企業内の人材開発の三本柱です。職場における仕事の場を通じて計画的、意図的に育成を行うOJT、職場を離れて行われる教育訓練であるOffJT、社員自らの意思によって能力開発を行う自己啓発の3つを有機的に組み合わせることが大切です。

【レッスン！】あなたの職場では、3つの柱を効果的に組み合わせて人材育成を行っていますか？　もっと効果的にするにはどうしたらよいでしょうか？　考えてみましょう。

※さらに詳しいフレームワークの説明資料を私のホームページからダウンロードできます。ご興味のある方はアクセスしてください。

潮田、滋彦　http://www.to-be-consulting.jp/

・著者略歴

潮田 、滋彦（うしおだ しげひこ）

トゥ・ビー・コンサルティング株式会社 代表取締役。米国NLP協会認定NLPトレーナー、DiSC（行動特性分析）認定インストラクター、ハーマンモデル認定ファシリテーター。大手エンジニアリング企業で海外営業職を経験後、企業内人材開発講師の道へ。独立を経て、29年間一貫して第一線の研修講師として活動中。講師実績として、一部上場企業を中心に250以上の企業や自治体にて、述べ12万人以上を指導。登壇時間は1万2000時間以上にも及ぶ。また、受講者の研修満足度が高く、研修のリピート率が95％を超える。現在も年間220日以上のペースで「学ぶことの楽しさ、成長することのワクワク感」を日本中のビジネスパーソンに伝えるために、全国を飛び回る日々を過ごしている。また、後進の若手講師の育成にも力を注いでいる。著書に『知恵の素～アイディアがどんどんわいてくる～』『速習！シンプルに文章を書く技術～読み手をならせる32のテクニック～』（共にPHP研究所）、『12万人を指導した"カリスマ講師"が教える"売れっ子講師"になる112の秘訣』（ごま書房新社）ほか。

・潮田 、滋彦 WEBサイト
　http://www.to-be-consulting.jp/

新版 "思考停止人生"から
卒業するための個人授業

著　者	潮田 、滋彦
発行者	池田 雅行
発行所	株式会社 ごま書房新社
	〒101-0031
	東京都千代田区東神田1-5-5
	マルキビル7F
	TEL 03-3865-8641（代）
	FAX 03-3865-8643
カバーデザイン	堀川 もと恵（@magimo創作所）
印刷・製本	倉敷印刷株式会社

© Shigehiko Ushioda, 2017, Printed in Japan
ISBN978-4-341-13257-6 C0034

役立つ
ビジネス書満載

ごま書房新社のホームページ
http://www.gomashobo.com
※または、「ごま書房新社」で検索

比田井和孝　比田井美恵 著　ココロの授業　シリーズ合計**20万部**突破！

第1弾

ベストセラー 21刷！

私が一番受けたいココロの授業
人生が変わる奇跡の60分

＜本の内容（抜粋）＞
・「あいさつ」は自分と周りを変える
・「掃除」は心もきれいにできる　・「素直」は人をどこまでも成長させる
・イチロー選手に学ぶ「目的の大切さ」　・野口嘉則氏に学ぶ「幸せ成功力」
・五日市剛氏に学ぶ「言葉の力」　・ディズニーに学ぶ「おもてなしの心」ほか

本書は長野県のある専門学校で、今も実際に行われている授業を、臨場感たっぷりに書き留めたものです。その授業の名は「就職対策授業」。しかし、そのイメージからは大きくかけ離れたアツい授業が日々行われているのです。

本体952円＋税　A5判　212頁　ISBN978-4-341-13165-4　C0036

第2弾

大好評 ロングセラー！

私が一番受けたいココロの授業　講演編
与える者は、与えられる―。

＜本の内容（抜粋）＞　・人生が変わる教習所？／益田ドライビングスクールの話　・日本一の皿洗い伝説。／中村文昭さんの話
・与えるココロでミリオンセラー／野口嘉則さんの話
・手に入れるためには「与える」／喜多川泰さんの話
・「与える心」は時を超える～トルコ・エルトゥールル号の話
・「ディズニー」で見えた新しい世界～中学生のメールより～　ほか

読者からの熱烈な要望に応え、ココロの授業の続編が登場！
本作は、2009年の11月におこなったココロの授業オリジナル講演会をそのまま本にしました。比田井和孝先生の繰り広げる前作以上の熱く、感動のエピソードを盛り込んでいます。

本体952円＋税　A5判　180頁　ISBN978-4-341-13190-6　C0036

第3弾　新作完成！

シリーズ 最新作！

私が一番受けたいココロの授業　子育て編
「生きる力」を育てるために大切にしたい9つのこと

＜本の内容（抜粋）＞　・「未来」という空白を何で埋めますか？／作家 喜多川泰さんの話　・「条件付きの愛情」を与えていませんか／児童精神科医 佐々木正美先生の話　・人は「役割」によって「自信」を持つ／JAXA 宇宙飛行士 油井亀美也さんの話　・僕を支えた母の言葉／作家 野口嘉則さんの話　・「理不尽」な子育てルール!?／比田井家の子育ての話　ほか

6年ぶりの最新作は、講演でも大好評の「子育て」がテーマ！毎日多くの若い学生たちと本気で向き合い、家ではただいま子育て真っ最中の比田井和孝先生ですので「子育て」や「人を育てる」というテーマの本書では、話す言葉にも自然と熱が入っています。

本体1200円＋税　A5判　208頁　ISBN978-4-341-13247-7　C0036

ごま書房新社の本

「人間繁盛、商売繁昌」への7つの実践!

株式会社クオリティライフ 代表　能登 清文 著

紀伊國屋書店「大津店」1位！
青山ブックセンター「六本木店」1位！
"話題の経営者"初著書刊行！

●著名人からも推薦！
・株式会社イエローハット 創業者　鍵山秀三郎 氏
・滋賀ダイハツ販売 代表取締役　後藤敬一 氏
・博多の歴女　白駒妃登美 氏

【何かを"継続"させれば、誰にでも人生は変えられる！】
累計9000部発行の伝説の小冊子を書籍化。前に出ることが苦手だった著者が、保険会社転職1年目からMDRTを獲得、見知らぬ地でのゼロからの起業、「モーニングセミナー」参加者300%増、倫理法人会 会員150%増、ゼロから300人のチームづくりを達成した実践術。

本体1380円＋税　四六版　204頁　ISBN978-4-341-08661-9　C0034

ごま書房新社の本

12万人を指導した"カリスマ講師"が教える
"売れっ子講師"になる 112の秘訣

潮田 、滋彦 著

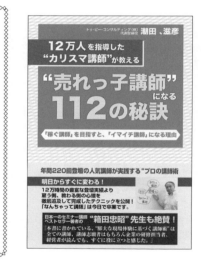

同業の講師、教師、研修担当からも絶賛！

こんな方におススメ！
- プロとして独立して研修・セミナーを実施することを目指している人
- すでに独立しているが、まだまだ自信のない講師
- 社内で研修の1コマを担当する講師（例えば、福利厚生について新入社員に1時間程度の講義をするなど）
- 講師ではないが、部下指導や職場での勉強会の講師を担当する人

【年間220回登壇の人気講師が実践する"プロの講師術"】
打ち上げ花火のように一時的に輝く講師はたくさんいます。あなたが「講師」を目指している場合、息長く継続的に第一線で活躍できる講師になるために、何が必要かをぜひ受け止めてみてください。それが本当に「売れる」ということなのです。
「稼ぐ講師」を目指してしまうと、成長がとまってしまいがちになり、講師としての「価値」や「魅力」は失われます。結果として人気も稼ぎもない「イマイチ講師」になってしまうのです。本書では、その理由についても考えていきます。

本体1450円＋税　四六版　200頁　ISBN978-4-341-08646-6　C0034